초등학생이 꼭 읽어야 할 5000년 시리즈

WOW 한국위인전 ③

명설아이위인전

초등학생이 꼭 읽어야 할 5000년 시리즈
WOW 한국위인전 ❸

2014년 1월 27일 초판 1쇄 발행 | 2022년 3월 14일 초판 3쇄 발행

엮은이 | 신현배
그린이 | 박은희, 김옥재, 손호경, 김재성(www.buyillust.com)

펴낸이 장진혁 | **펴낸곳** 형설출판사(형설아이)
주소 경기도 파주시 회동길 37-23 | **전화** (031) 955-2371, (031) 955-2361
팩스 (031) 955-2341 | **등록** 102-98-71832 | **홈페이지** www.hipub.co.kr
공급 형설출판사

ISBN 978-89-6142-952-8 74910
ISBN 978-89-6142-949-8 (세트)

ⓒ 신현배, 형설출판사(형설아이) All Rights Reserved.

※ 잘못된 책은 구입하신 곳에서 바꾸어 드립니다.
　이 책의 내용을 쓰고자 할 때는 저작권자와 출판사의 허락을 받아야 합니다.

이 도서의 국립중앙도서관 출판시도서목록(CIP)은 서지정보유통지원시스템 홈페이지(http://seoji.nl.go.kr)와
국가자료공동목록시스템(http://www.nl.go.kr/kolisnet)에서 이용하실 수 있습니다.(CIP제어번호:CIP2013026826)

초등학생이 꼭 읽어야 할 5000년 시리즈

WOW 한국위인전 ③

형설아이위인전

예술가편
종교인편
모험가 · 혁명가편
독립운동가편

엮음 신현배

형설아이
Children's books

머리말

　5000년 우리 역사를 돌아보면 많은 사건들이 있었고, 그 사건의 현장에는 중요한 인물들이 있음을 알 수 있습니다. 이들은 역사에 큰 발자취를 남겼으며, 오늘날에는 '위인'이라 불리고 있습니다. 우리 역사에는 임금, 장군, 학자, 명재상, 과학자, 문학가, 예술가, 종교인, 모험가, 독립운동가 등 다양한 분야에 걸쳐 많은 위인들이 있습니다. '사람은 역사를 만들고, 역사는 인물을 만든다.'라는 말이 있듯이, 위인은 자기 분야에서 역사를 만든 사람입니다. 자신이 정말로 좋아하는 일을 찾아, 피땀어린 노력과 불굴의 의지로 남다른 업적을 남긴 것이지요.

이들에게는 배울 점이 참 많습니다. 이들은 자기 자신보다는 나라를 먼저 생각했으며, 어떤 어려움이 있더라도 좌절하지 않고 그것을 이겨 냈습니다. 또한, 불의와 타협하지 않고 언제나 정의의 편에 섰으며, 자신의 재주를 갈고 닦는 데 게을리하지 않았습니다. 어린이 여러분도 이런 위인들을 본받아 자신의 꿈을 이루어 나갔으면 합니다.

이 책은 5000년 우리 역사에 길이 남을 위인 50명을 가려 뽑아, 그 생애와 업적을 분야별로 나누어 소개한 책입니다.

제1권에서는 임금, 장군, 학자를, 제2권에서는 명재상·충신, 과학자, 문학가를, 그리고 제3권에서는 예술가, 종교인, 모험가·혁명가, 독립운동가를 다루었습니다.

아무쪼록 이 책을 통해 역사에 대한 흥미와 관심을 갖고, 새로운 역사의 주인공이 되시기 바랍니다.

엮은이 신현배

차 례

● 예술가편

박연 국악의 큰 별 · 11

신사임당 현모양처의 본보기 · 21

한호 글씨의 천재 · 35

김정희 학문과 예술의 대가 · 45

홍난파 우리 나라 음악의 개척자 · 55

나운규 우리 나라 영화의 개척자 · 63

● 종교인편

원효 신라 불교의 큰 별 · 75

김대건 우리 나라 최초의 천주교 신부 · 87

한용운 '조선 불교 유신론'을 쓴 시인 스님 · 101

● **모험가 · 혁명가편**

장보고 바다를 주름잡은 호걸 · 113

전봉준 동학 혁명에 앞장선 '녹두 장군' · 131

● **독립운동가편**

최익현 의병을 일으킨 대쪽 선비 · 145

김구 조국 광복을 위해 힘쓴 민족 지도자 · 157

안창호 민족의 위대한 선구자 · 169

안중근 이토 히로부미를 사살한 독립 투사 · 179

김좌진 청산리 대첩의 큰 별 · 191

유관순 나라 위해 몸바친 애국 소녀 · 203

예술가 편

박연 국악의 큰 별

신사임당 현모양처의 본보기

한호 글씨의 천재

김정희 학문과 예술의 대가

홍난파 우리 나라 음악의 개척자

나운규 우리 나라 영화의 개척자

박연

국악의 큰 별

1378~1458, 자는 탄부(坦夫), 호는 난계(蘭溪), 시호는 문헌(文獻). 불완전한 악기 조율(調律)의 정리와 악보편찬의 필요성을 상소하여 1427년(세종 9년) 편경(編磬) 12장을 만들고, 자작한 12율관(律管)에 의거 음률의 정확을 기하였다. 또한, 조정의 조회 때 사용하던 향악(鄕樂)을 폐하고 아악(雅樂)으로 대체하게 하여 궁중 음악을 전반적으로 개혁하였다. 고구려의 왕산악(王山岳), 신라의 우륵(于勒)과 함께 우리 나라 3대 악성(樂聖)으로 추앙되고 있다. 지금도 고향 영동에서는 해마다 '난계음악제'가 열려 민족 음악 발전에 남긴 업적을 기리고 있다. 시문집으로 《난계유고(蘭溪遺稿)》, 《가훈(家訓)》이 있다.

1405년(태종 5년), 생원시를 치른 다음 날이었습니다.

충청도 영동에서 올라온 박연이 장악원(조선 시대, 음악에 관한 일을 맡아 보던 관아)을 찾아갔습니다. 그의 손에는 피리 하나가 쥐어져 있었습니다.

박연은 장악원 악사에게 넙죽 큰절을 올리고는 공손히 말했습니다.

"악사님, 음악을 배우고 싶어 찾아왔습니다. 저를 제자로 삼아 주십시오."

악사는 박연이 갖고 있는 피리를 보았습니다.

"피리를 불 줄 아는가?"

"예, 약간……."

"고향이 영동이라고 했지? 음악을 배우려고 영동에서 일부러 한양까지 온 건가?"

"겸사겸사 왔습니다. 사실 어제 생원 시험을 치렀거든요."

"떨어졌나?"

"아니요, 붙었습니다. 하지만 저는 공부보다도 음악을 더 좋아합니다."

"그래? 그럼 내 앞에서 피리 연주를 해 보겠나?"

악사의 제의에 박연은 피리를 불기 시작했습니다. 피리 소리가 구성지게 장악원 전체에 울려 퍼졌습니다.

피리 연주를 마치자 악사가 말했습니다.

"피리 소리가 엉망이야. 음률도 안 맞고……."

악사의 말에 박연은 눈앞이 캄캄해졌습니다. 자기 딴에는 잘한다고 생각했었는데 엉망이라니, 실망하지 않을 수 없었습니다.

박연은 자기 마을에서 피리를 가장 잘 불었습니다. 그에게 피리를 가르쳐 준 이웃 아저씨도 그의 솜씨를 따라잡을 수 없었습니다. 그런데 형편없는 솜씨라니, 박연은 풀이 죽었습니다.

악사가 다시 말했습니다.

"실망할 것 없다. 아직 나이가 있으니까 열심히 연습하면 연주를 잘 할 수 있을 게야. 그 때 다시 나를 찾아오게."

박연은 악사의 격려 한 마디에 힘을 얻었습니다. 그래서 고향에 돌아오자마자 글공부보다 피리 부는 것에 더 열심히 매달렸습니다.

그로부터 6년 뒤, 박연은 다시 한양에 올라왔습니다. 그는 과거 시험을 치러 문과에 급제하고, 장악원을 찾아갔습니다. 6년 전의 그 악사가 반갑게 맞아 주었습니다.

박연은 악사 앞에서 다시 한 번 피리를 불었습니다. 악사는 눈을 지그시 감고, 피리 소리를 들었습니다.

박연이 피리에서 입을 떼자, 악사가 말했습니다.

"솜씨가 늘었는데……. 그만하면 정식으로 피리를 배워도 되

겠어."

악사의 말을 듣고 박연은 기쁨을 감추지 못했습니다. 6년의 노력이 결실을 보는 순간이었습니다.

박연은 집현전 교리(정5품)로 일하는 한편, 틈틈이 악사에게 피리를 배웠습니다.

날이 갈수록 그의 솜씨는 눈에 띄게 늘었습니다. 몇 년 뒤에는 악사가 더 이상 가르칠 것이 없을 정도였습니다.

그 사이 박연은 사간원 정언(정6품), 사헌부 지평(정5품)을 거쳐 세자 시강원 문학(정5품)이 되어 있었습니다. 문학은 세자에게 글을 가르치는 벼슬인데, 당시에 세자는 태종의 셋째 아들인 충녕대군(세종)이었습니다.

세자는 박연이 음악에 조예가 깊다는 것을 잘 알고 있었습니다. 그래서 임금의 자리에 오르자마자 박연을 관습 도감(고려 말기부터 조선 초기까지 음악을 맡아 보던 관아) 제조로 임명하여 그에게 음악에 관한 일을 맡겼습니다.

박연은 우선 음악에 관한 책을 펴내는 일부터 시작했습니다. 그러다가 궁중 음악인 '아악'을 우리 풍속에 맞게 정리하고 고치는 일에 온 힘을 쏟았습니다.

박연은 아악에 쓰이는 악기인 석경(돌로 만든 경쇠)을 만들었습니다. 그리고 12율관(음의 높이를 정하기 위하여 쓰는 원통형의 대나무관)을 고안하여 편경(두 층으로 된 걸이에 각 여덟 개씩 경쇠를 매어 달고 치는 타악기)을 만들었습니다.

1427년(세종 9년)의 어느 날, 박연은 세종 앞에서 편경을 연주하는 자리를 마련했습니다.

세종은 눈을 감고 귀를 기울였습니다. 연주가 끝날 때까지 미동도 하지 않았습니다.

잠시 뒤, 세종이 입을 열었습니다.

"참으로 훌륭한 편경이로다! 중국 것보다 그대가 만든 편경이 훨씬 낫구나. 수고가 많았다."

"황공하옵니다."

"그런데 한 가지 미심쩍은 데가 있구나. 어째서 중간에 한 음이 약간 높게 들리는 것인가?"

세종의 지적에 박연은 편경을 자세히 살펴보았습니다. 중간에 있는 경쇠 하나에 먹금이 그어져 있었습니다.

박연이 세종에게 아뢰었습니다.

"그 까닭을 알았습니다. 먹금이 보이지 않게 경쇠를 깎아야 하는데, 덜 깎인 탓입니다."

그리고는 경쇠를 제대로 깎아 편경을 연주해 보았습니다. 과연 높은 음이 사라지고 제 음이 고르게 났습니다.

박연은 세종의 탁월한 음감에 혀를 내둘렀습니다. 그 신하에 그 임금이었습니다.

　박연은 아악에 쓰일 악기를 계속해서 만들었습니다. 전부 모아 놓으니 백여 가지나 되었습니다.

　어느 날, 박연은 세종에게 글을 올렸습니다.

　'조정의 조회 때 사용하는 향악을 아악으로 바꾸었으면 합니다.'

　박연을 신임하는 세종은 이 의견을 받아들였습니다. 그래서 마침내 1431년(세종 13년) 정월 초하루, 경복궁 근정전에서 아악이 처음으로 연주되었습니다. 박연으로서는 감격적인 순간이 아닐 수 없었습니다.

　편종과 편경 등 144개의 악기와 119명의 악사가 동원된 이 날 행사는 성공적으로 끝났습니다.

　같은 달 21일, 세종은 악기를 만든 박연·남급·정양에게 상으로 말 한 필씩을 주었습니다. 안장을 갖춘 훌륭한 말이었습니다.

　그 후 박연은 공조 참의(정3품), 첨지중추원사(정3품), 동지중추원사(종2품)를 지낸 뒤, 1445년(세종 27년)에 성절사(조선 시대에 중국 황제의 생일을 축하하기 위하여 보내던 사절)로 명나라에 다녀왔습니다. 그리고 중추원부사(종2품)를 거쳐 예문관 대제학(정2품)이 되었습니다.

　이렇게 높은 벼슬에 있었어도 박연은 매우 청렴했습니다. 자손

들에게는 '내 집 안은 늘 깨끗해서 물려줄 보물이 없다. 이것을 두고두고 자랑스럽게 여겨라' 하는 말을 남길 정도였습니다.

1456년(세조 2년), 셋째 아들 계우가 사육신의 단종 복위 거사에 가담했다 하여 죽임을 당했습니다. 그러나 박연은 태종, 세종, 문종을 모신 원로라 하여 파직에 그쳐 고향 영동으로 내려갔습니다.

박연은 고향에서 피리를 불며, 쓸쓸히 지냈습니다. 그러다가 1458년(세조 4년) 3월 23일, 세상을 떠났습니다.

신사임당

현모양처의 본보기

1504~1551, 호는 사임당(師任堂:思任堂:師妊堂)·시임당(媤妊堂)·임사재(任師齋).

율곡 이이(李珥)의 어머니로, 어려서부터 경문을 익히고 문장·침공(針工)·자수(刺繡)에 능했으며, 특히 시문과 그림에 뛰어나 여러 편의 한시 작품이 전해진다. 또한, 안견(安堅)의 영향을 받은 화풍(畵風)은 여성 특유의 섬세 정묘함을 더하여 우리 나라 제일의 여류화가라는 평을 듣는다. 자녀 교육에도 남다른 노력을 기울여 현모양처(賢母良妻)의 귀감(龜鑑)이 되었다. 작품으로 시에 《유대관령망친정(踰大關嶺望親庭)》,《사친(思親)》 등이 있고, 그림에 《자리도(紫鯉圖)》,《산수도(山水圖)》,《초충도(草蟲圖)》,《노안도(蘆雁圖)》,《연로도(蓮鷺圖)》 등이 있다.

"**어머나**, 가엾어라. 개미들이 메뚜기를……."

일곱 살 소녀 인선은 앞마당에서 놀다가 자기도 모르게 소리쳤습니다. 개미 떼가 죽은 메뚜기 한 마리를 뜯어 먹는 것을 우연히 본 것입니다.

"저리 비켜! 너희들은 메뚜기가 불쌍하지 않니?"

인선은 메뚜기에게 달라붙은 개미들을 쫓아내고, 메뚜기를 마당 한 귀퉁이에 서 있는 복숭아나무 밑으로 옮겼습니다. 그리고 그 자리에 메뚜기를 고이 묻어 주었습니다.

인선은 바로 신사임당의 어릴 적 이름입니다.

현모양처(어진 어머니이면서 착한 아내)의 본보기로 그 이름이 높은 신사임당은 1504년(연산군 10년) 10월 29일, 강원도 강릉 북평 마을 오죽헌에서 태어났습니다. 아버지 신명화와 어머니 이씨 부인의 다섯 딸 가운데 둘째 딸이었습니다.

신사임당은 어려서부터 총명하고 재주가 많아 부모님의 사랑을 독차지했습니다.

이미 네 살 때부터 글공부를 시작하여 유교 경전과 한학을 배웠으며, 시·그림·글씨·자수·바느질에 이르기까지 여러 방면에 비상한 재주를 보였습니다.

그 중에서도 가장 빼어난 솜씨를 발휘한 것은 그림이었습니다. 신사임당은 일곱 살 때부터 그림 공부를 시작했는데, 처음에는 화가 안견의 산수화를 본떠 그렸습니다. 신사임당의 그림을 본 사람들은 진짜 안견의 그림으로 착각할 정도였습니다.

신사임당은 포도·풀·벌레·매화·난초·산수 등을 잘 그렸습니다. 특히, 벌레 그림은 마치 살아 움직이는 듯하여 이런 이야기가 전해집니다.

경종 때의 문신인 송상기는 '옥오재집'이란 책에서 말하기를, 자신의 일가 친척 한 분이 신사임당 그림(벌레 그림) 한 점을 갖고 있었는데, 한여름에 볕을 쪼이려고 마당에 그림을 널어 놓았답니다. 그러자 닭이란 놈이 다가오더니, 진짜 벌레인 줄 알고 그림을 쪼아 종이에 구멍이 났다는 것입니다.

또한, 신사임당의 처녀 시절에는 이런 이야기가 전해집니다.

하루는 신사임당이 마을 잔칫집에 초대를 받게 되었습니다.

신사임당은 마을 처녀들과 함께 음식을 먹으면서 이야기 꽃을 피웠습니다.

그런데 잔치가 거의 끝날 때쯤이었습니다. 부엌에서 젊은 색시 하나가 뛰어나오더니 울상을 지었습니다.

"어머, 난 몰라! 치마를 버렸어!"

신사임당은 젊은 색시를 돌아보았습니다. 그녀가 입고 있는 다홍치마가 찌개 국물로 더럽혀져 있었습니다.

그녀는 신사임당이 잘 아는 이웃 사람이었습니다. 잔칫집에 오

24 예술가편

느라 친구의 다홍치마를 빌려 입고 왔던 것입니다.

가난한 색시의 딱한 사정을 안 신사임당은 그녀를 데리고 집으로 왔습니다. 집에 오자마자 신사임당은 치마를 벗으라고 했습니다. 그녀는 영문을 몰라 어리둥절한 표정을 지었습니다.

"걱정하지 말아요. 저에게 좋은 방법이 있으니까."

그녀가 치마를 벗어 주자, 신사임당은 방바닥에 치마를 펼쳐 놓았습니다. 그리고는 붓에 먹물을 듬뿍 찍어 포도 그림을 그렸습니다.

그녀가 신사임당이 시키는 대로 치마를 시장에 내다 팔았더니 다홍치마 열 벌을 사고도 남을 값을 받았다고 합니다.

신사임당은 19세 때 시집을 갔습니다. 신랑은 자기보다 세 살이 많은 '이원수'란 청년으로, 한성 사람이었습니다.

강릉에서 혼례를 치른 뒤, 신사임당의 아버지는 사위를 불러 앉혀 놓고 말했습니다.

"자네에게 다짐을 받아야겠네. 내게는 딸이 다섯이 있지만, 둘째 딸아이만큼은 곁에 두고 싶네. 그러니 자네가 이해 좀 해 주게."

이원수는 장인의 부탁을 거절할 수가 없었습니다.

"좋으실 대로 하십시오."

결국, 이원수는 혼자서 한성으로 돌아갈 수밖에 없었습니다.

그런데 그로부터 몇 달 뒤, 신사임당의 아버지가 갑자기 세상을 떠나고 말았습니다. 그래서 신사임당은 3년상을 마칠 때까지 강릉에 머물러 있었고, 그 뒤에 한성으로 올라가 시어머니에게 처음으로 인사를 드렸습니다.

한편으로는 이런 이야기도 전해 내려옵니다.

혼례를 치른 신사임당은 남편에게 다음과 같은 제안을 했다고 합니다.

"서방님! 우리, 10년 뒤에 다시 만나요. 그 동안 서방님은 열심히 학문을 닦으셔서 성공해 돌아오세요."

신사임당은 남편을 큰 인물로 만들어야겠다는 생각에 그런 제안을 한 것입니다.

결국, 이원수는 부인과 10년 뒤에 만날 것을 약속하고 길을 떠났습니다. 그는 한성을 향해 발걸음을 옮겼습니다.

그러나 처가를 떠난 지 한 시간도 못 되어 이원수는 마음이 약해지기 시작했습니다. 아리따운 신부의 얼굴이 눈에 아른아른 떠오르는 것이었습니다.

'아내가 벌써 그리워지니 앞으로 10년 동안 어찌 혼자 산단 말인가?'

이원수는 오죽헌에서 20리쯤 떨어진 성산까지 갔다가 걸음을 멈추고 말았습니다.

'되돌아가자! 아내와 하룻밤만 더 지내고 내일 떠나는 거야.'

이원수는 이렇게 마음먹고 날이 어두워지기를 기다렸습니다.

신사임당은 남편이 되돌아오자 긴 한숨을 내쉬었습니다.

이원수는 낙심한 아내를 바라볼 면목이 없었습니다. 그래서,

"하루만 더 있다 갈 테니 염려 마시오."

하고 힘없이 말했습니다.

다음 날 아침, 이원수는 마음을 다잡아 한성으로 출발했습니다. 그는 대관령 밑에 있는 가맛골까지 갔습니다. 강릉에서 30리 거리였습니다.

그러나 더 이상 나아가지 못하고 또다시 되돌아오고 말았습니다.

그 다음 날도 마찬가지였습니다. 전날보다 10리 정도 더 가고, 발길을 돌려 집으로 돌아오고야 말았습니다.

둘째 날까지 아무 말이 없던 신사임당은, 셋째 날 마침내 입을 열었습니다.

"서방님, 사내 대장부가 뜻을 세웠으면 끝까지 밀고 나가야지요. 사흘을 잇달아 되돌아와서야 장차 무슨 큰 일을 할 수 있겠습니까?"

"미안하오. 나도 어쩔 수가 없었소. 대문만 나서면 당신이 보고프고 그리워져서 발길이 떨어지지 않는단 말이오. 한시도 견디지 못하고 이 모양인데, 어찌 10년을 떨어져 지내겠소. 나는 이제부

터 당신 곁을 떠나지 않을 테니 그리 아시오. 공부도 당신 곁에서 하겠소."

신사임당은 남편의 말을 듣고, 절망감을 느꼈습니다. 이렇게 의지가 약해서야 어떤 일이고 잘할 수 있겠습니까?

그러나 신사임당은 이를 악물었습니다.

'이대로 물러설 수 없어. 서방님의 버릇을 고쳐 놓아야 돼.'

이렇게 다짐한 신사임당은 별안간 반짇고리에서 가위를 꺼냈습니다.

"서방님, 저와의 약속을 헌신짝 버리듯 하신다면 저는 이제 희망이 없습니다. 이 자리에서 머리를 자르고 비구니가 되든가, 아니면 스스로 목숨을 끊겠습니다."

말을 마친 신사임당은 가위를 머리에 가져갔습니다.

"부인, 부인!"

이원수는 기겁하여 신사임당에게 달려들었습니다. 그리고 손에 쥔 가위를 간신히 빼앗고는,

"부인, 참으시오. 내가 잘못했소. 한 번만 용서해 주시오. 날이 밝는 대로 한성으로 가서 학업에만 전념하겠소. 정말이오, 믿어 주시오."

하고 연거푸 맹세를 했습니다.

새벽닭이 울 때까지 아내를 설득하느라 비지땀을 흘린 이원수

는, 날이 밝자마자 서둘러 길을 떠났습니다.

이원수는 곧장 한성으로 올라갔습니다. 그리고 아내와 약속한 대로 학업에만 열중했습니다.

하지만 이원수는 겨우 3년을 채우고는 아내가 있는 강릉으로 내려갔다고 합니다.

신사임당은 33세 때 셋째 아들인 율곡 이이를 낳게 됩니다. 강릉 오죽헌에서 율곡을 낳던 날 밤 신사임당은 꿈을 꾸었는데, 검은 용이 동해 바다에서 날아와 방문 앞에 머물다 갔다고 합니다. 그래서 그 방을 '몽룡실'이라 부르고, 율곡을 어렸을 때 '현룡'이라 부르게 되었답니다.

신사임당은 특히 어머니에 대한 효심이 지극했습니다. 한성에 와서 살면서도 늘 강릉에 있는 어머니를 그리워하여 눈물지었습니다.

신사임당이 38세 때는 어머니를 그리워하는 마음을 담은 다음과 같은 시를 지었습니다.

늙으신 어머님을 고향에 두고
외로이 한성길로 가는 이 마음
돌아보니 북촌(북평)은 아득도 한데
흰 구름만 저문 산을 날아 내리네.

이 즈음 신사임당은 한성 수진방(지금의 수송동과 청진동)으로 이사해 살았는데, 여섯 살의 율곡을 데리고 친정에 왔다가 한성으로 가는 길에, 대관령 고갯마루에서 북평 친정을 내려다보며 읊은 것입니다.

또한, 다음과 같은 시도 전해내려옵니다.

> 산 첩첩 내 고향 천리언마는
> 자나깨나 꿈 속에도 돌아가고파
> 한송정 가에는 외로이 뜬 달
> 경포대 앞에는 한 줄기 바람
> 갈매기는 모래톱에 헤어졌다 모이고
> 고깃배들 바닷길을 동서로 오가네.
> 언제나 고향 땅에 다시 돌아가
> 색동옷 입고 앉아 바느질할꼬.

훗날 이율곡은 어머니를 회상하며, '어머니께서는 평상시에 늘 강릉 친정을 그리워하셨다. 밤이 깊어지면 혼자 눈물을 흘리셨으며, 어떤 날은 밤을 하얗게 지새우시기도 하셨다.'고 밝혔습니다.

한편, 신사임당은 어진 어머니로서 자녀들을 훌륭하게 키웠습니다. 평소에 '자녀들은 각자의 소질, 능력, 취미에 맞춰 돌봐 주어야 큰 인물로 성장할 수 있다.'는 교육관을 갖고 있던 신사임당은, 4남 3녀를 저마다 개성에 맞게 키웠습니다.

큰딸 매창은 '작은 사임당'이라 불릴 만큼 시·글씨·그림·바느질·자수에 뛰어난 재주를 보였으며, 셋째 아들 율곡은 큰 학자가 되었습니다. 그리고 넷째 아들 우는 큰딸 매창과 함께 어머니의 예술적 재능을 물려받아, 거문고·글씨·시·그림에 빼어난 솜씨를 발휘했습니다.

이처럼 신사임당은 어진 어머니의 역할을 다하였을 뿐 아니라, 착한 아내로서도 남편을 잘 도와주었습니다. 신사임당은 남편이 잘못된 길로 나아가지 않도록 조언을 아끼지 않았습니다.

그 무렵 남편 이원수는 영의정 이기의 집을 안방 드나들 듯 하고 있었습니다. 이기는 윤원형 등과 손잡고 을사사화를 일으킨 인물인데, 이원수에게는 5촌 아저씨뻘 되는 사람이었습니다.

신사임당은 이 사실을 알고 남편에게 말했습니다.

"서방님, 영의정 댁에 자주 발길을 하신다면서요? 그러지 마시고 이번에 아예 발길을 끊으십시오."

"아니, 뭐가 잘못됐소? 5촌 아저씨댁인데……."

"아무리 같은 문중이라도 옳고 그른 것은 분명히 해야 합니다. 영의정이 어떤 분입니까? 어진 선비들을 모함해 죽이고 권좌에 오른 분 아닙니까? 불의하게 얻은 권세는 절대 오래 가지 못할 것입니다."

이원수는 아내의 권고를 받아들여 그 후부터는 이기의 집에 발을 들여놓지 않았습니다.

과연 신사임당은 선견지명(닥쳐올 일을 미리 짐작하는 밝은 지혜)이 있었습니다. 뒷날 남편만은 이기 때문에 화를 당하는 일이 없었던 것입니다.

1551년 초여름, 이원수는 수운 판관이 되었습니다. 수운 판관은 세금으로 바치는 곡식을 한성으로 실어나르는 일을 맡아 보는 종5품 벼슬이었습니다. 비록 높은 벼슬은 아니었지만, 이원수가 이 정도의 벼슬을 하게 된 것도 순전히 아내 덕이었습니다.

그 해 봄에 수진방에서 삼청동으로 이사를 했던 신사임당은, 수운 판관으로서 임무를 맡아 평안도 지방으로 출장을 떠나는 남편을 배웅했습니다. 이 출장 길에는 맏아들 선과 셋째 아들 율곡이 따라나섰습니다. 이들 일행은 평안도로 가서 세금으로 거둔 곡식들을 배에 실었습니다. 그리고 한성을 향해 출발했습니다.

이 즈음 신사임당은 덜컥 병이 나고 말았습니다. 그래서 꼼짝도 못하고 앓아 누워 있었습니다.

병이 난 지 사흘째 되는 날, 신사임당은 집에 있는 자녀들을 불러 모았습니다.

신사임당은 눈을 가늘게 뜨고 자녀들을 하나하나 바라보고는,

"다시는 내가 일어나지 못할 것 같구나."

하고 힘없이 중얼거렸습니다. 그리고는 홀연히 눈을 감았습니다. 1551년 5월 17일 새벽, 그녀의 나이 48세의 일이었습니다.

이 때 이원수 일행은 한성 가까이 와 있었습니다. 그런데 율곡은 이미 불길한 예감에 사로잡혀 있었습니다. '해서'에 머물 때, 놋그릇이 빨갛게 변해 있는 것을 본 것입니다.

이원수 일행은 아침에 한강 하류에 있는 서강(지금의 마포)에 도착해서야, 신사임당이 세상을 떠났다는 소식을 들었습니다. 세 부자는 울음을 터뜨렸습니다.

신사임당은 파주 두문리(지금의 파주군 천현면 동문리) 자운산 기슭에 묻혔습니다.

16세에 어머니를 잃은 율곡은 '어머니 행장'이란 글을 써서 신사임당을 추모했습니다.

한호

글씨의 천재

1543～1605, 자는 경홍(景洪), 호는 석봉(石峯)·청사(淸沙). 왕희지(王羲之)·안진경(顔眞卿)의 필법을 익혀 해(楷)·행(行)·초(草) 등 각 서체에 모두 뛰어났다. 1567년(명종 22년) 진사시에 합격하고, 천거로 1599년에 사어(司禦)가 되었으며, 1604년(선조 37년)에는 흡곡현령(谷縣令)·존숭도감 서사관을 지냈다. 우리 나라 서예계에서 김정희(金正喜)와 쌍벽을 이룬다. 그의 필적으로 《석봉서법》, 《석봉천자문》 등이 간행되었고, 친필은 별로 남은 것이 없으나 그가 쓴 비문(碑文)은 많이 남아 있다. 글씨로는 《허엽신도비(許曄神道碑)》, 《서경덕신도비(徐敬德神道碑)》, 《기자묘비(箕子廟碑)》, 《김광계비(金光啓碑)》, 《행주승전비(幸州勝戰碑)》, 《선죽교비(善竹橋碑)》, 《좌상유홍묘표(左相俞弘墓表)》 등이 있다.

하늘에 노을이 붉게 물든 저녁 무렵이었습니다.

나그네 한 사람이 송도(지금의 개성) 변두리의 어느 마을 앞을 지나다가, 갑자기 걸음을 멈추었습니다.

마을 앞 공터에서는 아이들이 놀고 있었습니다.

나그네는 한 아이 앞으로 다가가더니 이렇게 중얼거렸습니다.

"해 뜨는 동쪽에서 옥토끼가 났구나. 허허, 낙양의 종이 값을 올리겠어."

그 때, 마침 그 아이를 부르러 나온 어머니가 이 말을 들었습니다.

어머니는 나그네에게 물었습니다.

"저는 저 아이의 어미되는 사람입니다만, 방금 하신 말씀은 무슨 뜻입니까?"

"그 질문에 대답하기 전에 제가 먼저 묻겠습니다. 댁의 자제가 붓글씨를 잘 쓰지요?"

"예, 맞습니다만, 그걸 어떻게……."

"하하, 제가 점을 좀 칠 줄 압니다. 그래서 드리는 말씀인데, 댁의 자제는 장차 크게 이름을 떨치게 될 것입니다."

"아니, 그럼 붓글씨로?"

"그렇습니다. 조선 최고의 명필이 될 것입니다. 하지만 노력하지 않으면 아무 소용이 없습니다. 피나는 노력을 해야만 '명필'이란 소리를 듣게 됩니다. 옥도 갈아야 보석이 되지 않습니까?"

말을 마친 나그네는 천천히 마을 앞 공터를 떠났습니다.
　그 날 밤, 그 아이의 꿈에 왕희지가 나타났습니다. 왕희지는 중국에서 첫째 가는 명필로 꼽히는 서예가였습니다.
　그는 아이에게 글씨 교본을 주었습니다. 그 글씨 교본에는 왕희지가 완성한 해서(한자 글씨체의 하나로, 정자로 또박또박 쓴 서체), 행서(해서와 초서의 중간체), 초서(필획을 가장 흘려 쓴 서체)를 쓰는 요령이 자세히 적혀 있었습니다.
　이 아이가 바로 뒷날 명필로 이름을 떨친 한호입니다. 그는 세상에서 '호'란 이름보다 호인 '석봉'으로 더 알려져 있습니다.
　석봉은 어려서부터 홀어머니와 함께 살았습니다. 그가 세 살 때 아버지가 병으로 돌아가신 것입니다. 그래서 어머니 혼자 살림을 꾸려 가야 했기 때문에, 그의 집은 무척 가난했습니다. 하루하루 입에 풀칠하기도 힘든 형편이었습니다.
　그러나 어머니는 절망하지 않고 꿋꿋이 살았습니다. 이 동네 저 동네를 돌아다니며, 열심히 떡을 팔았습니다.
　어머니는 그 나그네의 말을 잊지 않고 있었습니다.
　'댁의 자제는 조선 최고의 명필이 될 것입니다.'
　이 말은 어머니에게 큰 힘이 되었습니다. 아무리 고생스러워도 참고 견딜 수 있었습니다.
　어머니는 끼닛거리가 없을망정 아들을 서당에 보냈습니다. 글을 읽고 글씨를 쓰는 아들의 모습을 바라보는 것이 어머니에겐 가장 큰 기쁨이었습니다.

석봉은 어머니의 기대에 어긋나지 않게 열심히 글씨 공부를 했습니다. 종이 한 장이 생기면 여백을 남기지 않고 빽빽하게 글씨를 썼습니다. 그리고 종이가 떨어지면 땅바닥이든 나뭇잎이든 가리지 않고 글씨를 썼습니다.

그렇게 몇 년이 지나자, 어머니는 아들에게 말했습니다.

"공부하기에는 집보다 절이 나을 것이다. 내가 절에 말해 두었으니, 오늘 당장 떠나거라."

석봉은 어머니의 말씀대로 절로 떠났습니다.

절은 매우 조용해서 공부하기 좋았습니다. 석봉은 그 절에서 날마다 밤늦도록 공부에 열중했습니다.

일 년이 흐르자, 그는 생각했습니다.

'이만하면 됐어. 나도 웬만큼 실력을 쌓았으니 이제 절을 떠나야겠다.'

석봉은 짐을 꾸려 서둘러 집으로 돌아왔습니다.

"어머니!"

석봉은 어머니를 보자마자 반갑게 소리쳤습니다.

그러나 어머니는 어쩐 일인지 석봉을 쌀쌀맞게 맞이하는 것이었습니다.

"네가 웬일이냐? 하라는 공부는 팽개치고 집에 놀러 오다니……."

"놀러 온 것이 아닙니다, 어머니."

"그럼 아예 절을 나와버렸단 말이냐?"

"예, 어머니. 일 년 만에 모든 공부를 끝냈습니다. 더는 배울 것이 없습니다."

"그게 정말이냐? 듣던 중 반가운 소리로구나. 그렇다면 네 붓글씨 솜씨를 보여 주겠니?"

"보여 드리고말고요. 잠시만 기다리세요."

석봉은 붓과 벼루를 꺼내 먹을 갈았습니다.

석봉이 종이를 펼쳐 놓고 글씨를 쓰려는 순간, 어머니가 말했습니다.

"이번 기회에 네 솜씨를 시험해 보고 싶구나. 붓글씨를 쓰되, 불을 끄고 쓰거라. 나는 옆에서 떡을 썰 테니……."

어머니는 내일 내다 팔려고 준비해 놓은 떡과 도마를 꺼냈습니다. 그리고 등잔불을 껐습니다.

방 안은 금세 어두워졌습니다. 아무것도 보이지 않았습니다.

그런 가운데 석봉은 붓글씨를 쓰고, 어머니는 떡을 썰기 시작했습니다.

한참 뒤, 어머니가 말했습니다.

"이제 불을 켜고 네 글씨부터 보자꾸나."

어머니는 등잔불을 켜고 석봉의 글씨를 들여다보았습니다.

석봉은 자기가 쓴 글씨를 보고 얼굴이 빨개졌습니다. 글씨는 크기가 고르지 않고, 삐뚤빼뚤 씌어져 있었던 것입니다.

그러나 어머니가 썬 떡은 그와 딴판이었습니다. 크기가 고르고 반듯반듯했습니다.

이윽고 어머니가 말했습니다.

"이 정도 솜씨로 모든 공부를 끝냈다고 할 수 있겠느냐?"

"부끄럽습니다, 어머니……."

"너는 아직 멀었다. 그러니 돌아가서 처음부터 다시 시작하거라. 타고난 재능이 있다 하더라도 노력하지 않으면 아무 소용이 없느니라. 옥도 갈아야 보석이 된다지 않느냐."

"명심하겠습니다."

석봉은 그 자리에서 어머니에게 작별을 고하고, 절로 되돌아갔습니다.

석봉은 처음부터 다시 시작하는 마음으로 왕희지와 안진경의 서풍(붓으로 글씨를 쓰는 방식이나 양식)을 익혔습니다. 얼마 뒤에는 해서·행서·초서를 빼어나게 잘 쓸 수 있게 되었습니다.

그러나 석봉은 거기에 만족하지 않고 갑절의 노력을 기울였습니다. 그리하여 몇 년 뒤에는 자기만의 독창적인 글씨체를 만들어 낼 수 있었습니다.

1567년(명종 22년), 진사 시험에 합격한 한석봉은 1599년 사어가 되었고, 가평 군수를 지냈습니다. 그리고 1604년에는 흡곡 현령을 거쳐 존숭도감 서사관이 되었습니다.

그 동안 한석봉은 명나라에 가는 사신을 수행하거나 외국 사신을 맞을 때, 그의 뛰어난 글씨를 선보여 명필로 이름을 떨쳤습니다.

명나라 사신 주지번이 조선에 왔을 때의 일입니다.

환영 잔치에서 석봉의 글씨를 본 주지번은 놀라움을 감추지 못했습니다.

"오, 이럴 수가! 훌륭한 솜씨로다. 왕희지와 안진경만 천하 명필인 줄 알았더니, 조선이란 작은 나라에 숨은 명필이 있었구나."

명나라에 가서도 그의 글씨를 본 사람들은 칭찬을 아끼지 않았습니다.

"살아 생전에 이처럼 빼어난 글씨를 보다니! 당나라 태종이 왕희지의 글씨를 사랑한 나머지, 온 천하에 있는 왕희지의 글씨를 모아 자기 관에 넣어 묻게 하여, 남아 있는 왕희지 친필이 없다는데……. 말로만 듣던 명필의 진면목을 오늘에야 보는구나."

"왕희지와 안진경보다 나으면 나았지 못하지 않구나. 글씨의 천재가 조선에서 태어나다니!"

한석봉의 이름은 멀리 중국에까지 퍼졌습니다. 그의 이름을 모르는 사람이 없을 정도였습니다.

　1592년(선조 25년)에 임진왜란이 일어나자, 명나라 장수 이여송이 4만의 원군을 이끌고 조선에 왔고, 1597년(선조 30년) 정류재란 때는 명나라의 제독 마귀가 원군 14만 1,500명을 거느리고 왔는데, 이들은 자기 나라로 돌아갈 때 한석봉의 글씨를 한 점씩 얻어 갔다고 합니다.

　한석봉은 1605년(선조 38년)에 63세의 나이에 세상을 떠났습니다.

　그의 친필은 남은 것이 별로 없지만, 그나마 그가 쓴 비문은 조금 남아 있습니다. 글씨로는 개성에 있는 '선죽교비', '서경덕신도비', 평양에 있는 '기자묘비', 용인에 있는 '허엽신도비' 등이 전해집니다.

김정희

학문과 예술의 대가

1786~1856, 자는 원춘(元春), 호는 완당(阮堂)·추사(秋史)·예당(禮堂)·시암(詩庵)·과파(果坡)·노과(老果).

학문에서는 실사구시(實事求是)를 주장하였고, 서예에서는 독특한 추사체(秋史體)를 대성시켰으며, 특히 예서·행서에 새 경지를 이룩하였다. 1816년에는 북한산 비봉에 있는 석비가 조선 건국시 무학대사가 세운 것이 아니라 신라 진흥왕 순수비(巡狩碑)이며, '진흥'이란 칭호도 왕의 생전에 사용한 것임을 밝혔다. 또한, 《실사구시설》을 저술하여 근거 없는 지식이나 선입견으로 학문을 하여서는 안 됨을 주장하였다. 문집에 《완당집(阮堂集)》이 있고, 저서에는 《금석과안록(金石過眼錄)》, 《완당척독(阮堂尺牘)》 등이, 작품에는 《묵죽도(墨竹圖)》, 《묵란도(墨蘭圖)》 등이 있다.

"**입춘대길**(입춘을 맞이하여 좋은 운수를 기원하는 글)이라……. 글씨체가 참으로 훌륭하구나."

좌의정 채제공이 가던 걸음을 멈추고, 어느 집 대문에 나붙은 입춘서(입춘에 벽이나 문·문지방 등에 써 붙이는 글)를 들여다보고 있었습니다. 그는 눈을 크게 뜨고, 또 중얼거렸습니다.

"이런 명필이 숨어 있었다니! 가만있자, 이 집이 누구의 집이더라?"

그 때, 그 집 앞을 지나가던 사람이 일러 주었습니다.

"김노경 참판 댁입니다."

"허허, 놀랍도다. 김 참판 집에 백 년에 한번 나올까 말까 한 명필이 살고 있구나. 도대체 누구 솜씨인지 알아봐야겠다."

채제공은 그 집 대문을 두드렸고, 하인이 나왔습니다.

채제공이 자기 신분을 밝히자, 잠시 뒤 김노경이 버선발로 달려나왔습니다.

"좌상 대감께서 저희 집에 어인 행차이십니까?"

"지나가는 길에 잠시 들렀지요."

"안으로 드시지요."

김노경은 채제공을 사랑채로 모셨습니다.

김노경과 마주 앉자 채제공이 물었습니다.

"김 참판 댁 대문에 입춘서가 붙어 있는 것을 보았습니다. 누구의 글씨입니까?"

"제 아들놈 글씨입니다."

"허허, 훌륭한 아드님을 두셨습니다. 명필 중의 명필이군요."

"원, 과찬의 말씀을……. 겨우 일곱 살짜리 철부지인데요."

"예? 그게 정말입니까?"

채제공은 깜짝 놀라 눈이 휘둥그레졌습니다. 그는 벌린 입을 다물지 못했습니다.

"믿어지지 않는군요. 그 글씨가 일곱 살짜리 솜씨라니……. 댁의 아드님은 천재가 분명합니다그려."

채제공을 놀라게 한 아이는 김노경의 맏아들인 김정희였습니다.

김노경은 아들의 재주가 뛰어남을 알고 마땅한 스승감을 찾았습니다. 그러다가 박제가를 만났습니다.

박제가는 마침 중국에서 돌아와 있어서 김노경은 아들을 박제가에게 맡겼습니다.

박제가는 김정희가 앞날이 촉망되는 인재임을 알아보고 열심히 가르쳤습니다.

김정희는 스승의 가르침에 힘입어, 짧은 시일 내에 학문의 기초를 닦을 수 있었습니다.

세월이 흘러, 김정희는 24세가 되었습니다.

김정희는 이 해(1809년, 순조 9년)에 생원시를 보아 장원 급제를 하였습니다.

같은 해 10월, 그에게 중국에 갈 기회가 생겼습니다.

아버지가 동지사(조선 시대에 매년 동짓달에 중국으로 보내던 사신) 겸 사은사(조선 시대에 나라에 베푼 은혜에 감사한다는 뜻으로 외국에 보내던 사신)를 보좌하는 부사로 뽑힌 것입니다.

김정희는 아버지를 따라 사신 일행과 함께 청나라 연경(북경)으로 떠났습니다.

사신 일행은 모두 250여 명이었습니다. 왕복 6천 리 길에 70여 일이나 걸리는 기나긴 여정이었습니다.

김정희는 연경에 머무는 50여 일 동안에 청나라의 거유(이름난 유학자)인 완원, 옹방강, 조강 등을 차례로 만났습니다.

그는 이들을 통해 금석학(금석문에 의해 언어·문자를 연구하는 학문으로, 금문은 금속(주로 청동기)에, 석문은 비석 등의 석재에 새긴 글자임)과 서화(글씨와 그림)에서 많은 영향을 받을 수 있었습니다.

이듬해 고국으로 돌아온 김정희는 학문과 서화에 더욱 정진했습니다.

그리하여 1816년(순조 16년)에는 북한산 비봉에 있는 석비가 이태조의 건국시 무학 대사가 세운 것이 아닌 신라의 진흥왕 순수비이며, '진흥'이란 칭호도 왕의 생전에 사용한 것임을 밝혔습니다.

이 밖에도 김정희는 금석학에 있어서 많은 업적을 남겼는데, 훗날 '금석과안록'이란 책을 펴내기도 했습니다.

김정희가 벼슬길에 나선 것은 1819년 문과에 급제하면서였습니다.

아버지가 1823년에 이조 판서에 올랐기 때문에 그의 벼슬길은 환히 열려 있었습니다.

김정희는 세자 시강원 설서(정7품)를 시작으로, 예문관 검열(정9품), 규장각 대제·대교를 거쳐 41세 때에는 충청도 암행 어사로 활약했으며, 세자 시강원 필선(정4품), 성균관 대사성(정3품)을 지냈습니다. 그리고 51세 때인 1837년(헌종 3년)에는 병조 참판, 54세 때엔 형조 참판에 올랐습니다.

그러나 그의 관복(관리로서 출세하도록 타고난 복)이 언제까지나 계속된 것은 아니었습니다.

1840년에 김정희는 당파 싸움의 틈바구니에 끼어 제주도로 귀양을 떠나는 몸이 되고 말았습니다.

김정희는 호송 관리들과 함께 배에 올라탔습니다.

그런데 그 날 따라 파도가 높고 풍랑이 거셌습니다.

배 안에 있는 사람들은 집채만한 파도가 밀려올 때마다 부들부들 떨었습니다.

그러나 뱃머리에 앉은 김정희만은 천하태평이었습니다. 김정희는 흥얼흥얼 시조를 읊으며 흥겨워하다가 뱃사공에게 말했습니다.

"여보게, 배를 이쪽으로 몰게. 옳지, 옳지. 그래야 파도를 피해 가지."

김정희는 파도가 달려들지 못하는 뱃길을 일일이 가르쳐 주었습니다. 이 때문에 배는 아무런 사고 없이, 평소보다 더욱 빨리 제주도에 도착할 수 있었습니다.

이런 사정을 모르는 사람들은 깜짝 놀라며,

"날아서 바다를 건넜나?"

하고 신기해했다고 합니다.

김정희는 제주도에서 8년 동안 귀양살이를 했습니다.

그 동안 그는 학문과 서화에 전념했습니다. 그리하여 많은 훌륭한 작품을 얻을 수 있었습니다.

국보 제180호인 '세한도'는 제주도 유배 시절에 낳은 대표적인 작품입니다.

또한, 김정희는 중국의 글씨를 연구하기 시작하여 마침내 '추사체'라는 독특한 서법을 만들었습니다.

1848년(헌종 14년)에 귀양에서 풀려난 김정희는 뭍으로 돌아왔습니다.

그러나 그로부터 3년 뒤, 김정희는 다시 귀양을 떠나는 몸이 됩니다. 이번 귀양지는 함경도 북청이었습니다.

귀양을 떠나는 날, 그의 아우들이 배웅을 나왔습니다. 김정희가

66세, 그의 아우 김명희와 김상희가 각각 64세, 58세였습니다.

아우들은 나이 많은 형이 귀양을 가는 것이 마음 아파, 형의 손을 잡고 통곡을 하였습니다. 그러자 김정희는 아우들을 꾸짖었습니다.

"그치지 못할까? 글 읽는 선비가 이 무슨 추태냐?"

이렇게 호통을 친 김정희는 뒤 한 번 돌아보지 않고 귀양길을 떠났습니다. 이 광경을 지켜본 사람들은 그의 의연한 태도에 고개가 절로 숙여졌습니다.

유배가 풀린 것은 그의 나이 68세 때였습니다.

김정희는 과천의 관악산 기슭으로 거처를 옮겼습니다. 그는 아버지의 무덤 가까이에 초막을 짓고는 불경을 읽고 참선을 하며 시간을 보냈습니다.

1856년(철종 7년)에는 경기도 광주에 있는 봉은사로 갔습니다. 김정희는 봉은사에서 구족계(비구와 비구니가 지켜야 할 계율로, 비구에 250계, 비구니에 500계가 있음)를 받고는, 10월이 되자 관악산의 초막으로 돌아왔습니다.

그로부터 며칠 뒤, 김정희는 71세의 나이로 세상을 떠났습니다.

홍난파

우리 나라 음악의 개척자

1898~1941, 본명은 영후(永厚).

1912년 YMCA를 졸업하고, 1916년 최초의 곡으로 추정되는 행진곡풍의 《야구전》을 작곡하였다. 1920년 《봉선화》의 원곡인 《애수》를 작곡하였으며, 이 무렵 잡지 《음악계》를 발간했으며, 소설 《처녀혼》, 《향일초(向日草)》, 《폭풍우 지난 뒤》 등도 발표하여 문학적 재질도 보였다. 1935년부터 《백마강의 추억》 등 모두 14곡의 대중가요를 나소운(羅素雲)이라는 예명으로 발표하기도 하였다. 작품에는 《봉선화》 외에 《성불사의 밤》, 《옛동산에 올라》 등 민족적 정서와 애수가 담긴 가곡과, 《달마중》, 《낮에 나온 반달》 등의 동요, 도쿄 유학 직전에 남긴 《통속창가집》, 《행진곡집》 등 17권의 편저작물이 있다. 이 밖에 저서에는 《음악만필(音樂漫筆)》, 《세계의 악성》 등이 있다.

1913년 8월 27일, '매일신보'에는 다음과 같은 광고가 실렸습니다.

> 음악 학생 모집
> 조선악과 서양악 각 과에 보결생을 모집함.
> 지원자는 9월 2일 안으로 청원함이 가함.
> 재동 취운정 내
> 조선 정악 전습소

이 광고를 보고, 서울 정동 이화 학당 근처에 사는 15세 소년 하나가 조선 정악 전습소를 찾아갔습니다. 이 소년은 황성 기독교 청년회 중학부를 졸업했는데, 어려서부터 음악에 관심이 많았습니다.

이 소년이 뒷날 바이올리니스트로서 이름을 떨치고, 작곡가로서도 우리 나라 음악을 개척한 난파 홍영후입니다. '난파'는 그의 호인데, 난이 핀 언덕이란 뜻입니다.

1913년 9월, 조선 정악 전습소 서양악부에 입학한 난파는 주임 교사인 김인식에게 바이올린을 배우기 시작했습니다. '호만' 교과서를 기본으로 2년 정도 공부하자, 난파는 스승을 능가할 정도의 실력을 갖추게 되었습니다.

그는 조선 정악 전습소 서양악부를 마치고 조선 정악 전습소의 교사가 되었습니다.

2년 동안 학생들에게 바이올린을 가르치다가, 난파는 1918년 4월에 일본으로 유학을 떠났습니다. 좀더 본격적으로 음악을 공부하기 위해서였습니다.

홍난파는 동경의 우에노 음악 학교에 입학했습니다.

우에노 음악 학교는 일본의 유일한 관립 음악 학교였습니다.

홍난파는 '안도 사치코'라는 교수 밑에서 바이올린을 배우는 한편, 문학에 뜻을 두고 시와 소설을 쓰기 시작했습니다. 그리고 조선 유학생들과 함께 음악·미술·문학 등 세 가지 예술 분야를 취급하는 순수 예술 잡지 '삼광'을 펴냈습니다.

그런데 예과를 마치고 본과 1학년에 올라갔을 때였습니다. 그가 3·1 운동이 일어나기 전해에 재일 유학생들과 함께 벌인 항일 운동이 발각되어 학교에서 퇴학을 당하고 말았습니다. 그는 자기 바이올린을 팔아 '독립신문' 기금에 보탠 적이 있었던 것입니다.

고국으로 돌아온 홍난파는 '처녀혼'이란 단편집을 출간했습니다. 홍난파는 단편집 첫머리에 '애수'라는 곡명으로 멜로디를 집어 넣었는데, 후에 김형준이 가사를 붙였습니다. 이것이 그 유명한 '봉선화'입니다. 이 노래는 우리 나라 최초의 가곡으로서, 온 국민이 즐겨 부르는 노래가 되었습니다.

홍난파가 다시 일본 유학을 떠난 것은 1926년 9월의 일이었습니다. 그는 구니다찌에 있는 동경 고등 음악 학원에 편입하여 1929년 봄에 졸업했습니다. 동경 고등 음악 학원 재학시엔 동경 교향악단(지금의 NHK 교향악단) 제1 바이올린 연주자로 활동하기도 했습니다.

서울로 돌아온 홍난파는 초여름에 윤석중을 만났습니다. 윤석중은 당시 양정 고등 보통 학교에 다니고 있었는데, 뛰어난 동요 작가였습니다. 홍난파가 말했습니다.

"우리에겐 아직 아이들이 부를 만한 노래가 없소. 요즘 장안에서 열리고 있는 어린이 음악회에 가 보면, 술집에서나 부를 어른들 노래를 아이들이 부르고 있으니, 참으로 안타까운 일이오. 그래서 내가 이번에 '조선 동요 100곡집'을 낼 생각인데, 윤 형이 좀 도와 주셔야겠소. 우선 상권 50곡을 펴낼 작정이니, 동요 가사가 있으면 주시겠소?"

윤석중은 홍난파의 부탁을 받고 즉석에서 동요를 적어 주었습니다. '휘파람'이란 작품이었습니다.

8월에도 보름날엔
달이 밝건만
우리 누나 공장에선
밤일을 하네.
공장 누나 저녁밥을
날라다 두고
휘파람 불며 불며
돌아오누나.

윤석중은 이 밖에도 '달맞이', '퐁당퐁당', '낮에 나온 반달' 등을 종이에 적어 주었습니다. 그러자 홍난파는 미리 만들어 둔 멜로디에 노래말을 맞추어 내놓는 것이었습니다. 오늘날까지 애창되어 오는 훌륭한 동요가 탄생되는 순간이었습니다.

홍난파는 1929년 겨울에 '조선 동요 100곡집' 상권을 펴내고, 미국 유학에서 돌아온 1933년 5월 16일에 하권을 펴냈습니다. 이 책에는 윤극영의 '반달'·'따오기'·'고드름'·'설날', 박태준 곡의 '오뚝이'·'오빠 생각'·'집 보는 아기 노래', 정순철 곡의 '짝짜꿍'·'갈잎 피리' 등 주옥 같은 창작 동요들이 실렸습니다.

1930년 4월에 중앙 보육 학교 음악과 교수에 취임한 홍난파는, 1931년 7월 26일, 시카고의 셔우드 음악 학교로 미국 유학의 길을 떠났습니다.

1933년 2월에 미국에서 돌아온 홍난파는, 6월에 이은상의 시조에 곡을 붙인 '조선 가요 작곡집'을 펴냈습니다. 이 가곡집에는 '봄'·'봄처녀'·'할미꽃'·'개나리'·'고향 생각'·'옛 동산에 올라'·'옛 강물 찾아와'·'입 다문 꽃봉오리'·'사랑'·'성불사의 밤'·'관덕정'·'그리움'·'만천교 우에서'·'장안사'·'금강에 살으리랏다' 등 15개의 곡이 들어 있습니다.

그 후 홍난파는 이화 여자 전문 학교 강사, 경성 음악 전문 학교 교수 등을 지냈습니다. 그리고 홍난파 트리오(홍난파·이영

세·홍성유)를 만들어 4년여 동안 활발한 연주 활동을 했습니다.

홍난파는 1936년에는 경성 방송 관현악단을 조직하여 지휘자로 활약했으며, 1937년에는 성서 트리오 3중주단을 조직하여 실내악 운동을 벌였습니다. 바이올린에 홍난파, 첼로에 김태연, 피아노에 이흥렬이었습니다. 이들은 경성 방송국에서 매주 한 차례 정기 연주회를 가졌습니다.

한편, 홍난파는 1937년에 흥사단 노래를 작곡했다고 해서 종로 경찰서에 103일간 구금되기도 했습니다.

홍난파는 건강을 돌보지 않고 음악에만 전념하여 점점 몸이 쇠약해져 갔습니다. 그리하여 1941년에 들어서면서부터는 바깥 출입을 못할 지경에 이르렀습니다.

1941년 8월 30일, 홍난파는 마지막 유언을 남겼습니다.

"내가 죽거든 지휘할 때 입는 연미복을 입혀 화장해 주기 바라오. 유골은 산이나 물에 버리지 말고 하늘에 뿌려 주시오."

이 유언은 그대로 지켜졌습니다.

홍난파는 연미복을 입고 돌아오지 못하는 길을 떠났지만, 그의 음악은 지상에 남아 후세 사람들의 심금을 울리게 되었습니다.

나운규

우리 나라 영화의 개척자

1902~1937, 호는 춘사(春史).

1924년 《운영전(雲英傳)》에 단역으로 출연함으로써 영화와 첫 인연을 맺었다. 이후 《농중조(籠中鳥)》, 《심청전》, 《개척자》, 《장한몽(長恨夢)》 등에서 주연을 맡아 뛰어난 연기를 보였고, 1926년 자신의 원작인 《아리랑》을 감독·주연하였다. 1929년 우리 나라 최초의 문예 영화라 할 수 있는 《벙어리 삼룡》을 제작였다. 1936년 《아리랑 제3편》을 제작하면서 녹음 장치에 성공하여 우리 나라의 영화가 무성 영화 시대에서 유성 영화 시대로 전환하는 데 크게 기여하였다. 출연 영화로 《풍운아》, 《들쥐》, 《흑과 백》, 《금붕어》, 《잘 있거라》, 《옥녀》, 《사랑을 찾아서》, 《사나이》, 《철인도(鐵人都)》, 《금강한(金剛恨)》, 《개화당 이문(異聞)》, 《칠번지 소사건(七番地小事件)》, 《무화과》, 《그림자》 등이 있다.

구한국 시대의 군인이었던 한의사 나형권은 함경 북도 회령의 유지였습니다. 그는 슬하에 6남매를 두었는데, 위로 셋이 아들이고, 아래로 셋이 딸이었습니다.

어느 날, 나형권은 셋째 아들 운규를 장가 보내기로 했습니다. 그래서 운규가 회령 보통 학교를 졸업하고 15세가 되자, 아들을 속여 말에 태워 신부의 집으로 보냈습니다.

영문도 모르고 낯선 집에 간 운규는 기겁을 하였습니다. 자기보다 세 살이 많고 키가 껑충하게 큰 색시가 기다리고 있었는데, 그 여자와 지금 혼례를 치러야 한다는 것이었습니다.

운규는 순간 눈앞이 아찔해졌습니다. 생판 모르는 낯선 여자와 평생 같이 살아야 하다니, 도무지 용납할 수 없는 일이었습니다.

운규는 그 날로 그 집에서 달아나 버렸습니다. 그리고는 절친한 친구인 윤봉춘에게 갔습니다. 윤봉춘은 그가 신흥 학교 고등과에 입학하여 만난 친구였습니다.

운규는 신흥 학교를 졸업할 때까지 윤봉춘의 집에서 살았습니다.

1918년에 운규는 만주 간도에 있는 명동 중학교에 입학했습니다. 명동 중학교는 독립 운동가이며 교육자인 김약연(시인 윤동주의 외삼촌)이 설립한 학교였습니다. 1909년에 기독교 신자가 되어 신앙 생활을 시작한 김약연은, 명동 중학교가 있는 장재촌에 장재촌 장로 교회를 세우기도 했습니다.

친구 윤봉춘·이범래와 함께 명동 중학교를 다니며, 나운규는 독립 운동을 했습니다. '독립신문'을 만들어 회령 땅에 몰래 배포하였으며, 3·1 운동 때는 회령에서 만세 시위를 주도했습니다.

일제의 탄압으로 명동 중학교가 불에 타자, 나운규는 북만주와, 연해주 일대를 떠돌아다녔습니다. 백계 러시아 군대의 사역병 노릇을 하는가 하면, 홍범도 장군이 이끄는 독립군에 소속되어 활동하기도 했습니다.

독립군 당시에는 윤봉춘·김용국 등과 더불어 군자금 모집, 밀정 색출, 문서 나르기 등을 하였을 뿐 아니라, 회령과 청진 사이를 잇는 회청선 7호 터널 폭파를 모의하기도 했습니다.

1921년에 친구들과 함께 서울에 온 나운규는, 중동 학교 고등 예비과를 거쳐 연희 전문 학교 문과에 들어갔습니다.

이 때 나운규는 영화에 미쳐 있었습니다. 학교 공부는 뒷전으로 미루고, 날마다 영화관에서 살다시피 했습니다. 영화관에 다녀오면 밤늦도록 하는 일이 영화 시나리오를 쓰는 것이었습니다.

나운규는 배우를 꿈꾸고 있었습니다. 명배우가 되어 훌륭한 연기를 하고 싶었습니다.

그는 늘 손거울을 가지고 다녔습니다. 친구들을 만나 이야기할 때는 일부러 여러 가지 표정과 손짓을 하며, 거울에 비친 자신의 얼굴을 관찰하곤 했습니다.

이렇게 영화에 푹 빠져 지내는 그에게, 1922년 1월에 일본인 형사 한 사람이 찾아왔습니다. 그 형사는 회령 경찰서 소속으로, 나운규와 윤봉춘을 체포하여 회령으로 압송했습니다. 독립군 당시의 회청선 7호 터널 폭파 모의가 뒤늦게 탄로난 것입니다. 누군가 일본 경찰에 밀고를 한 모양이었습니다.

나운규는 윤봉춘과 함께 청진 형무소와 함흥 형무소에서 징역 1년 6개월을 살았습니다.

그가 석방된 것은 1923년 6월이었습니다.

나운규는 고향 회령으로 내려갔습니다.

이 때 그의 집안은 풍비박산이 되어 있었습니다. 그의 아버지는 그가 감옥에 있을 때 이미 돌아가셨고, 큰형 민규도 옥살이를 하고 있었으며, 둘째 형 시규는 폐병으로 앓아 누워 있었던 것입니다.

나운규는 둘째 형의 병 간호에 매달렸습니다. 외출도 하지 않고 밤낮없이 형을 보살폈습니다. 그러나 그 보람도 없이 둘째 형 시규는 얼마 뒤에 세상을 떠나고 말았습니다.

이 때 나운규는 폐병이 전염되어 평생 폐결핵을 앓다가, 결국 이 병으로 죽고 맙니다.

1923년 겨울, 회령으로 '예림회'란 극단이 순회 공연을 왔습니다. 나운규는 이 공연을 보고 깊은 감동을 받았습니다. 그래서 다

짜고짜 극단을 찾아가 단원으로 받아 달라고 부탁했습니다.

예림회 문예부장 안종화는 그를 연구생으로 받아들였습니다. 그리하여 나운규는 극단을 따라 간도까지 순회 공연을 떠났습니다.

예림회가 재정난으로 해체된 것은 그 순회 공연 직후였습니다.

그 무렵 부산에서는 영화사인 조선 키네마 회사가 설립되었습니다. 나운규는 안종화의 소개로 이 회사에 연구생으로 들어갔습니다.

나운규가 처음 영화에 출연한 것은 조선 키네마 회사의 두 번째 작품인 '운영전'이었습니다. 윤백남이 각본을 쓰고 감독을 한 영화인데, 나운규는 여기서 단역인 교군꾼으로 나왔습니다.

1925년, 육백남은 서울로 올라와 '윤백남 프로덕션'이란 영화사를 차렸습니다. 나운규는 이경손·김우연 등과 함께 윤백남 프로덕션의 창립 작품인 '심청전'에 출연했습니다. 이 영화에서 그는 심봉사 역을 맡아 뛰어난 연기를 보여 '연기파 배우'로서 각광을 받았습니다.

그 후 '흑과 백'·'농중조' 등의 영화에 출연하여 명성을 얻은 나운규는 새로운 일에 착수했습니다. 그것은 직접 영화를 만드는 것이었습니다.

나운규는 고향에 내려가 시나리오를 쓰기 시작했습니다. 나라를 빼앗긴 우리 민족의 삶과 애환을 감동적으로 담은 작품이었습니다. 나운규는 이 작품에 '아리랑'이란 제목을 붙이고, 영화 제작에 들어갔습니다.

    1926년 10월 1일, 아리랑은 단성사에서 개봉되었습니다. 사람들은 이 영화를 보기 위해 첫날부터 장사진을 이뤘습니다. 아주 폭발적인 인기였습니다.

    나운규는 계속해서 영화를 만들었습니다. 1926년 '풍운아'를 비롯해서 1927년에는 직접 영화사(나운규 프로덕션)를 차려 '잘 있거라'·'옥녀'·'사나이'·'사랑을 찾아서(원명 '두만강을 건너서')'·'벙어리 삼룡' 등을 잇달아 내놓았습니다.

    나운규 프로덕션이 1929년 해산되자, 나운규는 다른 영화사와 손을 잡고 '아리랑 후편'·'철인도'를 만드는 한편, '금강한'·'남편은 경비대로' 등에 출연했습니다.

    1931년에 나운규는 일본으로 건너가, 동경에서 1년 동안 머물며 일본 영화계를 둘러보았습니다.

    1932년에 고국으로 돌아온 나운규는 '개화당 이문'을 만들고, 이규환 감독의 '임자 없는 나룻배'에 출연했습니다. 나운규는 이 영화에서 모처럼 훌륭한 연기를 보여 주며, 명배우로서의 관록을 과시했습니다.

    이 때부터 나운규는 천재 영화인으로서 마지막 불꽃을 피우게 됩니다. '종로(1933년)', '7번통의 소사건(1934년)', 1935년에 '무화과'·'강 건너 마을'·'그림자'를 만들고, 1936년에는 우리 나라 최초의 유성 영화(영상과 함께 소리가 들리도록 만든 영화)인 '아리랑 제3편', 그리고 '오몽녀'를 만들었던 것입니다.

이 가운데서도 특히 '오몽녀'는 이태준의 소설을 영화화한 것으로, '아리랑'에 버금 가는 뛰어난 작품으로 손꼽힙니다.

이 작품을 만들 때 그의 건강은 심각한 상태였습니다. 의사가 촬영 현장까지 따라와, 그가 쓰러질 때마다 주사를 놓을 정도였습니다. 나운규는 영화를 찍을 당시 폐결핵 말기였습니다.

1937년 8월 9일 새벽 1시, 나운규는 평생의 친구인 윤봉춘과 의사가 지켜보는 가운데 숨을 거두었습니다.

'우리 나라 영화의 개척자'인 나운규는 26편의 영화에 출연했고, 15편의 영화에서는 직접 각본을 쓰고, 감독과 주연 배우를 겸했습니다.

종교인편

원효 신라 불교의 큰 별

김대건 우리 나라 최초의 천주교 신부

한용운 '조선 불교 유신론'을 쓴 시인 스님

원효

신라 불교의 큰 별

617~686, 법명은 원효.

설총(薛聰)의 아버지로, 661년 의상과 유학을 가던 중, 잠결에 목이 말라 마신 물이 해골에 괸 물이었음을 알고 모든 것은 마음에 달렸음을 깨달았다. 그 후 분황사(芬皇寺)에서 독자적으로 통불교를 제창, 불교의 대중화에 힘썼다. 또 당나라에서 들여온 《금강삼매경(金剛三昧經)》을 왕과 고승들 앞에서 강론, 존경을 받았다. 참선과 저술로 만년을 보내다가 70세에 입적하였다. 저서에 《대혜도경종요(大慧度經宗要)》,《법화경종요(法華經宗要)》,《화엄경소(華嚴經疏)》,《대열반경종요(大涅槃經宗要)》,《해심밀경소(解深密經疏)》,《대승기신론소(大乘起信論疏)》,《대승기신론별기(大乘起信論別記)》,《대무량수경종요(大無量壽經宗要)》 등이 있다.

617년(진평왕 39년) 봄의 어느 날, '설담날'이란 사람이 부인을 데리고 처갓집을 향해 가고 있었습니다.

설담날은 자신의 집이 있는 압량군 불지촌(지금의 경상 북도 경산군 자인면)을 떠나, 북쪽 밤나무골로 접어들었습니다. 여기서 10리쯤 걸어가면 처갓집이었습니다.

그런데 이 밤나무골을 반쯤 지났을 때, 갑자기 부인이 울상을 지으며 길바닥에 주저앉았습니다.

"여보, 더 이상 못 걷겠어요. 아기가 나오려나 봐요."

"아뿔싸, 이 일을 어찌 한담. 처갓집까지는 아직 10리나 남았는데……."

설담날은 남산만한 배를 끌어안고 괴로워하는 부인을 보며, 난감한 표정을 지었습니다.

'내 정신 좀 봐. 아내가 아기를 낳으려는데 멀거니 보고만 섰으니…….'

설담날은 정신을 차리고, 허둥지둥 두루마기를 벗었습니다. 그리고는 두루마기를 밤나무 가지에 걸쳐 바람막이를 만들어 주고, 마른 풀을 주워 모아 누울 자리를 마련해 주었습니다.

결국, 밤나무 아래에서 진통이 계속되었습니다. 그런데 잠시 후 아기를 낳는 순간,

"응애! 응애!"

하는 소리와 함께 휘황찬란한 오색 구름이 밤나무 숲을 덮었습니다.

설담날은 눈이 부셔서 앞을 볼 수가 없었습니다.

'이럴 수가! 꿈에 유성이 품 속으로 들어오는 것을 보고 태기가 있더니, 이런 신비한 일이 벌어지는구나. 아무래도 이 아기는 보통 아기가 아닌가 보다.'

오색 구름이 걷히고, 설담날은 잘생긴 갓난아기를 안고 집으로 돌아왔습니다.

이 아기가 바로 훗날 우리 나라 불교사상 가장 위대한 스님의 한 사람으로 추앙을 받게 되는 '원효'입니다.

그는 어렸을 때 '서당' 또는 '신당'이란 이름으로 불렸는데, 나면서부터 남달리 지혜롭고 총명해서, 스승을 따라 배울 것이 없었다고 합니다. 아무리 어려운 책도 혼자 힘으로 깨우쳤다는 것입니다.

서당은 나이에 비해 생각이 깊은 소년이었습니다. 일찍이 어머니를 여읜 탓도 있겠지만, 늘 인생의 문제를 놓고 혼자 고민했습니다. 왜 사람은 태어나서 늙고, 병들고, 죽어야 하는지에 대한 그 의문이 머릿속을 떠나지 않았습니다.

서당은 화랑이 되었지만 그 의문은 도저히 풀리지 않았습니다. 오히려 날이 갈수록 갈등과 번민이 더 커질 뿐이었습니다. 같은 민족끼리 삼국으로 나뉘어, 서로 죽이고 죽는 현실이 그를 짓누른 것입니다.

그러던 어느 날, 서당은 우연히 만난 어느 스님의 권유로 머리를 깎고 출가하게 되었습니다. 이 때가 645년(선덕 여왕 14년)으로, 그의 나이 28세였습니다.

서라벌의 황룡사에서 '원효'라는 법명(스님이 된 사람에게 종문에서 지어 주는 이름)을 얻은 그는, 1년 뒤 고향으로 돌아갔습니다.

원효는 고향집을 헐고 그 자리에 '초개사'란 절을 지었습니다. 또한, 자기가 태어난 터에는 '사라사'란 절을 지었습니다.

원효는 초개사에서 열심히 불경 공부를 했습니다. 스승 없이 당시 신라에 있는 불경 책은 전부 구해 읽었습니다.

뿐만 아니라 가난하고 병든 사람들을 가족처럼 돌보고, 그들에게 불교의 깊은 진리를 전했습니다.

원효는 얼마 지나지 않아 학식 높은 스님으로 세상에 알려지게 되었습니다.

이렇게 되자, 방방곡곡에서 그의 설법을 듣고자 하는 많은 사

람들이 초개사로 모여들었습니다. 원효는 이들을 상대로 날마다 설법을 했습니다. 그의 설법은 쉬우면서도 오묘한 데가 있어, 신자들에게 큰 인기를 끌었습니다. 원효에 대한 소문은 멀리 고구려, 백제에까지 퍼져 신자들이 찾아올 정도였습니다.

그러나 정작 원효 자신은 배움이 부족하다고 느끼고 있었습니다.
'나는 아직 멀었어. 모르는 것이 너무 많아.'

원효는 불교의 진리를 깨닫기 위해선 더 넓은 세상으로 나아가 공부를 해야겠다고 생각했습니다. 그래서 650년, 33세의 원효는 25세의 의상과 함께 당나라 유학 길에 올랐습니다

그러나 이들은 당나라에 가다가 고구려 순찰대에 붙잡혀 신라로 되돌아오고 말았습니다.

그러나 원효와 의상은 결코 포기하지 않았습니다. 자그마치 11년을 기다려, 두 사람은 661년에 다시 유학 길을 떠났습니다.

이번에는 육지로 가는 길을 버리고 뱃길로 가기로 했습니다. 그래서 당나라로 건너가는 배편을 수소문해 보았습니다. 마침 당주계(지금의 경기도 남양만)에서 당나라로 떠나는 사신의 배가 있다는 것을 알았습니다.

원효와 의상은 당주계를 향해 걸음을 재촉했습니다. 서라벌에서 당주계까지는 여러 날이 걸리는 먼 거리였습니다.

두 사람은 당주계에서 가까운 당항성(지금의 경기도 남양)에서 하룻밤 묵어가게 되었습니다.

원효와 의상은 움막 하나를 발견해 그 안에서 잠을 청했습니다.

얼마나 잤을까. 원효는 갑자기 목이 말라 잠에서 깼습니다.

그는 순간적으로 이 곳이 움막이라는 사실을 잊고, 자기 집 안

방인 줄로 알았습니다. 그래서 여느 날처럼 머리맡을 더듬었습니다. 원효는 머리맡에 늘 자리끼(자다가 깨어 마시려고, 잠자리의 머리맡에 두는 물)를 두는 습관이 있었습니다.

무언가 손에 닿는 것이 있었습니다. 쥐어 보니 물바가지였습니다. 원효는 그것이 자리끼라는 것을 믿어 의심치 않았습니다. 그래서 거기에 담긴 물을 벌컥벌컥 단숨에 들이켰습니다.

'아, 시원하다! 오늘 따라 물이 너무 맛있는데!'

원효는 물을 달게 마신 다음, 다시 잠이 들었습니다.

날이 밝았습니다. 제일 먼저 눈을 뜬 것은 의상이었습니다. 그는 움막 안을 둘러보고는 소스라치게 놀랐습니다.

"맙소사! 움막이 아니라 무덤 속이네!"

의상의 고함 소리에 원효도 깨어났습니다.

"의상 스님, 방금 뭐라고 하셨소?"

"아이고, 원효 스님! 우리가 무덤 속에서 잠을 잤나 봐요. 저기 보세요. 해골 바가지가……."

"해, 해골 바가지……?"

원효는 의상이 가리키는 곳을 보았습니다. 그 곳은 자신이 누웠던 자리의 머리맡이었는데, 물바가지 모양의 해골 바가지가 놓여 있는 것이었습니다. 그리고 그 안에는 썩은 물이 약간 남아 있었습니다. 고약한 냄새가 코를 찔렀습니다.

원효는 얼굴이 하얗게 질렸습니다.

"세상에, 송장 썩은 물을 내가……."

갑자기 속이 메스꺼워지며, 구역질이 났습니다.

"웩! 웩!"

원효는 정신 없이 토해 냈습니다.

그 때 벼락처럼 머리를 치는 생각이 있었습니다. 그것은 깨달음이었습니다.

'그래, 바로 그거야! 모든 것은 마음에 달려 있는 거야! 마음 먹기에 따라서 극락도 되고 지옥도 되는 것을.'

원효는 캄캄한 동굴을 빠져 나온 느낌이었습니다. 이제서야 진리의 빛을 만난 것입니다.

원효는 의상에게 말했습니다.

"의상 스님, 혼자 떠나십시오. 저는 유학을 가지 않겠습니다."

깨달음을 얻었기 때문에 유학을 갈 필요가 없어진 것입니다.

원효는 서라벌로 되돌아와 분황사로 갔습니다. 그는 분황사에서 '화엄경소'·'대승기신론소' 등 불경을 쉽게 풀이한 책들을 썼습니다.

그리고 거리로 나와 "누가 내게 자루 없는 도끼를 주겠는가, 내 하늘을 받칠 기둥을 깎으리라." 하고 노래를 불렀습니다.

이 때, 태종 무열왕이 이 노래를 듣고는 이렇게 말했습니다.

"이 스님이 귀한 부인을 얻어 어진 아들을 낳고자 하는구나. 나라에 큰 어진 이가 있으면 그 이로움이 이보다 더한 것이 있겠는가?"

태종 무열왕에게는 남편을 전쟁터에서 잃은 공주가 있었습니다. 소녀 때 이름이 '아유타'로, 요석궁에서 살고 있다 하여 '요석 공주'라 불리고 있었습니다.

태종 무열왕은 자신의 둘째 딸인 요석 공주와 원효를 결혼시켰습니다.

그리고 이 때 얻은 아들이 설총입니다. 설총은 나면서부터 지혜롭고 영특하여 경서와 역사에 능통했으며, 신라 10대 현자의 한 사람으로 꼽힙니다.

원효는 설총을 낳은 뒤, 승복을 벗어 버렸습니다. 그리고 스스로 '소성 거사'·'복성 거사'라 칭하며, '무애가'라는 노래를 지어 불렀습니다. 원효는 수많은 마을을 돌아다니며 가난하고 병든 사람들과 함께 지냈습니다.

하루는 원효가 고향에 있는 초개사에서 머물고 있는데, 궁궐에서 전갈이 왔습니다. 당나라에서 사신이 '금강삼매경'을 구해 왔는데, 이 책의 뜻을 풀이하여 설명해 줄 수 있겠느냐는 것이었습니다. 당시 신라에서는 '금강삼매경'을 풀이할 만한 스님이 없었던 것입니다.

사실 원효도 그 때까지 이 책을 읽은 적이 없었습니다.

그런데도 원효는 '금강삼매경'을 풀이하겠다고 나섰습니다.

원효는 초개사에서 황룡사까지 소를 타고 갔는데, 소 등에 책을 펴 놓고, 그 풀이를 적어 나갔습니다.

황룡사에는 왕을 비롯하여 천여 명의 스님이 기다리고 있었습니다.

원효는 이들 앞에서 '금강삼매경'을 쉽게 풀어 설명했습니다. 사람들은 그 오묘한 설법에 혀를 내둘렀습니다.

그 후 원효는 초개사에서 참선과 저술로 만년을 보내다가, 686년(신문왕 6년) 3월 30일, 70세의 나이로 세상을 떠났습니다.

김대건

우리 나라 최초의 천주교 신부

1822~1846, 세례명은 안드레아.

1836년(헌종 2년) 프랑스 신부 모방(P. Maubant)에게서 세례를 받고 예비 신학생으로 선발되어 상경하였다. 역관(譯官) 유진길(劉進吉)에게 중국어를 배운 후, 모방의 소개장을 가지고 중국으로 건너갔다. 마카오의 파리외방전교회 칼레리 신부로부터 신학을 비롯한 여러 가지 새로운 서양 학문과 프랑스어·중국어·라틴어를 배웠다. 금가항(金家港) 신학교에서 우리 나라 사람으로서는 최초로 신부가 되어 미사를 집전(執典)하였다. 1846년 선교사의 입국과 선교부와의 연락을 위한 비밀항로 개설을 위하여 백령도 부근을 답사하다가 체포되어 서울로 압송되었다. 혹독한 고문 끝에 선교부와 신부들에게 보내는 편지 및 교우들에게 보내는 유서를 쓴 후 25세로 순교하였다.

1836년 6월의 어느 날이었습니다.

한성에서 140리 정도 떨어진 경기도 용인의 산골 '골배마실'에 푸른 눈의 외국인 한 사람이 나타났습니다.

이 사람은 신부로서는 임진왜란 때 왜군을 따라온 세스뻬데스 신부 이래 두 번째로 우리 나라를 찾은 프랑스 신부, 베드루 모방이었습니다.

모방은 골배마실이 정부의 천주교 박해를 피해 들어온 사람들로 이루어진 큰 마을이라는 것을 잘 알고 있었습니다.

모방은 골배마실의 여러 부락 가운데서도 가장 큰 '은이' 부락을 찾아갔습니다. 그는 부락에서 미사를 드리고, 부락민들에게 영세를 주었습니다.

영세를 받은 사람들 중에는 '김대건'이란 16세 소년이 있었습니다.

모방은 이 소년을 유심히 지켜보았습니다. 나이에 비해 의젓하고 총명하였으며, 신앙심도 있어 보였습니다.

무엇보다 미더운 것은, 그의 집안이 증조부 때부터 대대로 천주교 집안이라는 점이었습니다.

모방은 지금 한국인 신부를 기르기 위해, 두 소년을 한성에 있는 자신의 집에 데려다 놓고 가르치는 중이었습니다.

한 소년은 과천이 고향인 최양업이었고, 또다른 소년은 홍주

(지금의 충청도 홍성) 출신의 최방제였습니다.

　모방은 김대건도 신부로 기를 만하다고 생각했습니다. 그래서 김대건의 부모님을 만나 자신의 생각을 털어놓았습니다.

　독실한 천주교인인 김대건의 부모님은, 아들을 신부로 길러 주겠다는데 반대할 이유가 없었습니다. 오히려 영광스러운 일이었습니다.

　그리하여 김대건은 보름 뒤에 한성으로 올라가 모방 신부 집에서 지내게 되었는데, 이 때가 7월 11일이었습니다.

　김대건은 역관 유진길에게 중국어를 배워서 12월 9일 밤, 모방 신부의 소개장을 품에 지닌 채 중국으로 향했습니다.

　김대건·최양업·최방제 등 세 신학생은 중국인 신부 유방제와 함께 중국 북경을 거쳐, 7개월 만에 마카오에 도착했습니다.

　마카오는 포르투갈의 조차지(특별한 합의에 의해 한 나라가 빌려 일정 기간 통치하는 영토)로서, 조선 전교의 책임을 진 파리 외방전교회가 있었습니다.

　세 신학생은 파리 외방전교회의 칼레리 신부와 드플레셰 신부로부터 교육을 받기 시작했습니다. 우선 라틴 어와 프랑스 어를 배우는 한편, 역사·지리·과학 등 신식 학문과 성서를 체계적으로 배웠습니다.

　마카오는 열대 지방이었기 때문에 일 년 내내 무척 더웠습니다.

몸이 약한 김대건은 이 곳의 더위를 견딜 수가 없어 늘 잔병치레를 했습니다.

마카오에 온 지 1년 반쯤 되었을 때, 같이 공부하던 최방제가 병으로 세상을 떠났습니다.

김대건과 최양업은 슬픔에 잠겼습니다. 두 사람 모두 낯선 땅에 친구를 묻으며, 눈물을 쏟았습니다.

1839년 봄, 마카오에 민란이 일어나자 필리핀의 마닐라로 피난을 가게 되었습니다.

김대건은 마닐라에서 아버지가 보낸 편지를 받았습니다. 각별히 몸조심하고, 열심히 공부하라는 내용이었습니다.

이 때가 8월이었는데, 김대건은 이 편지가 아버지의 마지막 편지인 줄은 까맣게 몰랐습니다. 얼마 뒤, 조선에서 기해박해가 일어난 것입니다.

모방 신부와 앵베르 주교, 샤스탕 신부를 비롯하여 70여 명의 천주교 신자가 죽임을 당했는데, 그 중에는 김대건의 아버지와 최양업의 부모님도 끼여 있었습니다.

김대건 일행이 마닐라에서 마카오로 돌아온 것은 11월이었습니다.

김대건과 최양업은 이듬해부터 조선의 4대 주교가 될 베르느 신부와 매스트르 신부에게 신학과 철학을 배우기 시작했습니다.

1842년에 수업을 끝낸 김대건은 박해가 심한 고국에 밀입국(입국이 허락되지 않은 사람이 몰래 입국하는 것)하기로 했습니다. 그래서 10월에 중국 변문에서 평안도 의주까지 140리 길을 갔으나, 감시가 심해 더 이상 가지 못하고 돌아오고 말았습니다.

결국, 김대건은 몽고 땅 바쯔자로 갔습니다. 그 곳에는 조선의 3대 주교인 페레올 신부가 살고 있었습니다.

페레올 주교는 김대건을 재촉했습니다. 빨리 조선으로 숨어 들어가라는 것이었습니다.

김대건은 이번에는 중국 길림성을 거쳐 두만강변의 함경도 경원으로 향했습니다. 그러나 이번에도 실패하고 말았습니다.

그러는 중에도 김대건은 신학 공부를 계속하여, 1844년 12월 15일에는 최양업과 함께 부제가 되었습니다.

1845년 1월, 혼자 국경을 넘어 밀입국에 성공한 김대건은 15일에 한성에 도착했습니다.

김대건은 신자들이 마련해 준 집에서 지내면서 비밀리에 선교 활동을 시작했습니다.

후배 신학생들을 뽑아 훈련을 시키는 한편, 순교자들의 사료(역사의 재료, 즉 문서·기록·회화·건축 등 역사 기술의 소재가 되는 문헌이나 유물 따위)를 모았습니다.

그리고 배 한 척을 구해 놓았습니다. 바다를 건너가, 중국 대륙에 있는 페레올 주교를 모셔 오기 위해서였습니다.

　김대건은 신자 11명을 뱃사공으로 삼아, 1845년 4월 30일에 제물포 앞바다에 배를 띄웠습니다.

　풍랑을 만나는 등 천신만고 끝에 중국 상해에 닿은 김대건 일행은 페레올 주교를 만났습니다.

　8월 17일, 페레올 주교는 일행을 상해에서 30리 가량 떨어져 있는 금가항 성당으로 데리고 갔습니다.

　김대건은 이 성당에서 페레올 주교의 집전으로 신품 성사를 받았습니다. 우리 나라 최초의 천주교 신부가 탄생되는 순간이었습니다.

　그 다음 주일에 김대건은 만당 성당에서 처음으로 미사를 집전했습니다. 그리고는 8월 31일, 페레올 주교와 다블뤼 신부를 배에 태우고 상해를 떠났습니다.

　이들은 두 달 만에 충청도 강경 근처의 황산포에 도착했습니다.

　김대건은 페레올 주교와 다블뤼 신부를 근처 신자 집에 보내 우리말을 익히게 하고는, 한성으로 올라갔습니다.

　김대건은 한성에 집 한 채를 마련하여, 몇 달 뒤에 페레올 주교를 모셔 왔습니다.

　페레올 주교는 김대건에게 명했습니다.

　"지방을 돌아다니며, 신자들을 격려하고 전도에 힘쓰시오."

김대건은 주교의 명대로 지방으로 내려갔습니다.

김대건은 제일 먼저 자신의 고향 마을을 찾아갔습니다. 그리고는 사방으로 수소문하여 어머니를 만났습니다.

그의 어머니는 기해박해에서 아버지가 돌아가신 뒤, 여기저기 떠돌아다니며 갖은 고생을 하고 있었습니다.

어머니는 10년 만에 만난 아들에게 말했습니다.

"애야, 너는 이 나라 백성들을 부모 형제로 삼아야 한다."

김대건은 어머니의 말을 뒤로 한 채, 지방 각지를 돌아다니며 두 달 동안 전도 활동을 계속했습니다.

임무를 마치고 한성으로 올라간 김대건은 페레올 주교를 찾았습니다.

페레올 주교는 김대건에게 말했습니다.

"최양업 부제와 매스트르 신부를 빨리 조선으로 데려와야겠소. 내가 듣기로는, 지난 1월에 두 사람이 함경도 경원 쪽으로 넘어오다가 중국 관리에게 발각되어 도로 쫓겨갔다는 거요. 아무래도 육지는 감시가 심해서 밀입국이 어려운 것 같소. 그러니 지난번처럼 바닷길을 이용했으면 하는데, 김 신부의 생각은 어떻소?"

"저도 같은 생각입니다. 육로보다는 해로가 안전하지요. 하지만 우리가 또 배를 몰고 중국으로 건너갈 수 없고……. 다른 방도를 찾아야겠습니다."

"좋은 방법이 있으면 말해 보시오."

"이제 음력 3월이 되면 조기잡이 철이라고, 중국 산동의 배들이 몰려올 것입니다. 황해 바다는 이들 배로 뒤덮이게 되지요. 그러다가 5월 말쯤 되면 중국으로 돌아가는데, 이들 배를 이용하면 뭔가 방법이 나올 것 같습니다."

"음, 그럴싸한데……. 어디 한 번 추진해 보시오."

"알겠습니다."

김대건은 수소문하여 배 한 척을 구했습니다. '임성룡'이란 사람의 어물 상선이었습니다. 이 배에는 선주를 빼고도 8명이 타고 있었습니다.

배는 5월 14일에 마포 나루를 떠났습니다.

김대건과 선원들을 태운 배는 물길을 따라 천천히 미끄러져 갔습니다. 한강을 벗어나 제물포 바다를 거쳐 강화 앞바다로 나아갔습니다.

이 때 김대건은 배 위에서 그림을 그렸습니다. 그것은 뱃길을 중심으로 상세하게 그린 지도였습니다.

5월 27일경에는 배가 순위도 등산진에 이르렀습니다.

백령도 부근 바다에서는 백여 척의 중국 어선들이 열심히 고기잡이를 하고 있었습니다.

5월 29일에 김대건은 밤을 타서 중국 어선 한 척에 올라, 중국

어부 한 사람을 은밀히 만났습니다. 김대건은 페레올 주교의 편지와 자신의 편지, 그리고 꼼꼼히 그린 지도를 어부에게 건네 주며 말했습니다.

"심부름 좀 해 주시오. 이 편지와 지도를 매스트르 신부에게 전해 주기 바라오."

그리고는 매스트르 신부와 최양업 부제가 있는 곳을 알려 주었습니다.

김대건은 5월 31일에도 다른 중국 배에 편지 한 통을 전하고는, 다음 날 등산진으로 돌아왔습니다.

그런데 이 때 김대건이 타고 온 어물 상선에 문제가 생겼습니다. 선주 임성룡이 가져갈 생선이 덜 말랐다고, 부득이 등산진에 며칠 더 머물러 있게 된 것입니다.

그뿐이 아니었습니다. 6월 5일에는 해안 지대를 순찰 나온 고을 원이 군졸들을 거느리고 와서 배를 빌려 달라고 했다가, 선원들과 시비가 붙은 것입니다.

군졸들은 선원들을 붙잡아갔고, 선원들을 신문하는 과정에서 김대건의 신분이 드러나고 말았습니다.

김대건은 군졸들에게 붙잡혀 황해도 해주 감영(감사가 직무를 보는 관아)으로 끌려갔습니다.

이미 김대건이 중국 배에 전한 편지와 지도도 압수당한 뒤였습

니다.

김대건은 한성으로 보내져, 포도청에서 문초를 받게 되었습니다.

김대건은 혹독한 고문을 당하면서도 이렇게 말했습니다.

"사람이 한 번 나면 죽음을 면치 못하는 법이다. 나는 이제 천주를 위해 죽는 것이 나의 소원이니, 오늘 묻고 내일 물어도 이 같을 뿐이다. 때리고 죽여도 역시 이 같을 뿐이니 빨리 때리고 빨리 죽여 다오."

김대건은 사십 차례의 심문을 받은 뒤에 결국 사형 선고가 내려졌습니다.

8월 29일에 김대건은 사랑하는 신도들에게 보내는 유서를 썼습니다.

'세상 온갖 일이 아닌게 아니라 주의 명령이요, 주상 주벌이라. 고로 이런 교난 역시 천주의 허락하신 바니 너희는 감수 인내하여 오직 천주를 위하고 주께 슬피 빌어 빨리 평안함을 주시기를 기다리라. 내 죽는 것이 너희 육정과 영혼 대사에 어찌 거리낌이 없으랴! 그러나 천주 오래지 아니하여 너희에게 내게 비겨 더 착실한 목자를 주실 것이니, 부디 서러워 말고 큰 사랑을 이루어 한 몸같이 주를 섬기다가 사후에 한 가지로 영원히 천주 대전에서 만나 길이 누리기를 천만 천만 바란다.'

1846년 9월 16일, 날이 밝았습니다.

김대건은 새남터(조선 시대에 역적들의 사형을 집행하던 곳으로, 서울 신용산의 철교와 인도교 사이에 있으며 신유박해 이후 천주교의 순교지로서도 유명함.)로 끌려나왔습니다.

그의 육체는 그 곳에서 순교의 피를 뿌리고, 그의 영혼은 천국으로 올라갔습니다.

한용운

'조선 불교 유신론'을 쓴 시인 스님

1879~1944, 호는 만해(萬海·卍海), 자는 정옥(貞玉). 1905년(광무 9년) 인제의 백담사에 가서 연곡(連谷)을 스승으로 승려가 되고 만화(萬化)에게서 법을 받았다. 1916년 월간지 《유심(唯心)》을 발간, 1919년 3·1 운동 때 민족대표 33인의 한 사람으로서 독립 선언서에 서명, 체포되어 3년형을 선고받고 복역했다. 1926년 시집 《님의 침묵》을 출판하여 저항 문학에 앞장섰고, 이듬해 신간회(新幹會)에 가입하였다. 불교의 혁신과 작품 활동을 계속하다가 중풍으로 죽었다. 작품으로는 장편 소설인 《박명(薄命)》이 있고, 저서로는 시집 《님의 침묵》을 비롯하여 《조선불교유신론(朝鮮佛敎維新論)》, 《십현담주해(十玄談註解)》, 《불교대전》, 《불교와 고려제왕》 등이 있다. 1973년 《한용운전집(6권)》이 간행되었다.

충청 남도 홍주군 주북면 옥도리(지금의 홍성군 서부면 용호리) 야산. 아이들이 산 속을 누비며 산토끼를 쫓고 있었습니다.

산토끼는 귀를 쫑긋 세우고 풀숲과 덤불 속을 헤치면서 깡총깡총 달아나고 있었습니다.

그러다가 산토끼는 한 순간, 소스라치게 놀라 걸음을 멈추고 말았습니다. 한 무리의 아이들이 불쑥 튀어나와 앞을 가로막은 것입니다.

산토끼는 더 이상 달아나지 못하고 아이들에게 붙잡혔습니다.

아이들은 산토끼를 들고 산에서 내려왔습니다.

마을 가까이 왔을 때 아이들은 길에서 봉완이와 마주쳤습니다. 봉완이는 마을에서 신동으로 소문난 아이였습니다. 여섯 살 때부터 서당을 다니기 시작하여, 이미 사서 삼경(논어·맹자·중용·대학과 시경·서경·주역)을 전부 익혔을 뿐 아니라, 아홉 살에는 중국의 사곡서(가요책)인 '서상기'를 읽을 정도였습니다.

봉완이는 아이들이 사로잡은 산토끼를 보고 소리쳤습니다.

"너희들은 산토끼가 불쌍하지도 않니? 이건 나쁜 짓이야!"

봉완이는 아이들에게 달려들어 산토끼를 빼앗았습니다. 그리고 얼른 산토끼를 놓아 주었습니다. 자유의 몸이 된 산토끼는 걸음아 날 살려라 하고 산 속으로 도망쳐 버렸습니다.

이처럼 어려서부터 하찮은 짐승이라도 그 생명을 아끼고 사랑한 것이 바로 만해 '한용운'입니다.

그는 1879년 7월 12일, 지방 관아의 아전을 지낸 한응준의 둘째 아들로 태어났습니다.

서당에서 10여 년간 한학을 배운 한용운은 14세에 결혼하고,

18세 때엔 동학 혁명에 가담했습니다. 한용운은 동학 농민군을 이끌고 관가를 털어 1천 5백 냥을 약탈하기도 했는데, 이로 인해 한용운은 쫓기는 몸이 되었습니다.

한용운은 설악산 오세암으로 피신했습니다. 오세암에서 인제의 백담사로 간 한용운은, 1905년 1월 26일에 정식으로 스님이 되었습니다. 그리고는 법명을 '용운', 법호를 '만해'라 하였습니다.

한용운이 처음 한 일은 참선과 불경 공부였습니다. 특히, 그는 불교의 대중화에 뜻을 두고, 한문으로 된 불경을 우리말로 옮기는 작업에 몰두했습니다.

1909년 5월, 한용운은 일본으로 떠났습니다. 한용운은 도쿄와 교토 일대를 돌아다녔습니다. 이 시기에 한용운은 훗날 3·1 운동의 동지인 최인을 만났으며, 일본어를 익혔습니다.

5개월 뒤 고국으로 돌아온 그는, 이듬해 한일 합방이 되자 또다시 길을 떠났습니다. 이번에는 북쪽으로 발길을 옮겨, 만주와 시베리아 등지를 방랑했습니다. 이 때 한용운은 일본 밀정으로 오인받아 밧줄에 묶여 강물에 던져지는가 하면, 총격을 받아 뇌에 총탄이 박히는 등의 죽을 고비를 여러 번 넘겼습니다.

3년 뒤, 한용운은 다시 서울로 돌아와 '조선 불교 유신론'이라는 책을 썼습니다. 이 책은 침체에 빠져 있는 조선 불교를 비판하고, 불교의 혁신을 주장하는 획기적인 저작물이었습니다.

또한, 한용운은 1914년에 범어사에 들어가 '불교 대전'을 썼으며, 1916년에는 '유심'이란 불교 잡지를 펴내기도 했습니다.

1919년 2월에 한용운은 서울에 올라와 있었는데, 2월 10일 천도교 간부인 최인이 한용운을 만나러 왔습니다.

"3월 1일 오후 2시에 파고다 공원에서 독립 선언서를 낭독하고, 만세 시위 운동을 일으키기로 했소. 손병희, 오세창, 권동진, 이종일, 이갑성, 오화영, 길선주 등 천도교 및 기독교계 인사들이 참여할 것이오. 불교계에서는 만해 스님이 참여해 주시오."

"좋습니다."

한용운은 최인의 제의를 흔쾌히 받아들였습니다.

다음 날, 최남선이 독립 선언서를 완성했습니다. 한용운은 독립 선언서를 보고 실망하지 않을 수 없었습니다. 그 내용이 너무나 온건하였던 것입니다. 그래서 한용운은 다음 구절을 공약 3장으로 넣게 했습니다.

'최후의 일인까지, 최후의 일각까지 정당한 의사를 쾌히 발표하라.'

2월 20일부터 인쇄에 들어가, 26일부터는 독립 선언서가 배포되기 시작했습니다. 독립 선언서는 3일 만에 전국적으로 배달되었습니다.

2월 28일, 가회동에 있는 손병희 집에 민족 대표들이 모였습니

106 종교인편

다. 이 모임에는 23인이 참석했는데, 독립 선언서에 서명한 대표는 모두 33인이었습니다. 기독교측에서 16인, 천도교측에서 15인, 그리고 불교측에서는 한용운이 백용성을 넣어 2인이었습니다.

한용운이 말했습니다.

"동지들, 체포되면 3대 행동 원칙을 지키도록 합시다. 첫째, 변호사를 대지 맙시다. 둘째, 사식을 먹지 맙시다. 셋째, 보석을 요구하지 맙시다."

1919년 3월 1일 오후 2시, 민족 대표 33인 가운데 29인이 태화관에 모였습니다. 한용운은 손병희의 제의로 앞에 나서서 독립 운동의 결의를 다짐하는 연설을 했습니다.

그의 선창으로 민족 대표들은 만세 삼창을 부르고, 15분 만에 독립 선언서 낭독식을 끝냈습니다.

잠시 뒤, 일본 경찰이 들이닥쳐 이들은 모두 옥에 갇혔습니다.

한용운은 3·1 운동의 주모자로서 1920년 8월 9일에 경성 지방 법원에서 3년형을 언도받고, 1922년까지 복역했습니다.

감옥에서 풀려나온 한용운은 불교 청년회 활동을 하는 한편, 열심히 시를 쓰기 시작했습니다.

1925년에 한용운은 설악산 오세암에서 시집 한 권을 탈고하는데, 이 시집이 이듬해 펴낸 '님의 침묵'입니다. 한용운은 이 시집으로 한국 현대시 사상 가장 빛나는 시인의 한 사람이 될 수 있었습니다.

1927년, 한용운은 신간회를 만들어 중앙 집행위원과 경성 지회장이 되었습니다. 신간회는 일제에 대항하는 민족 운동 단체로서, 창립 1년 만에 회원이 2만여 명으로 늘어났습니다.

그러나 창립 2년 만에 일제의 탄압으로 해체되고 말았습니다.

1931년, 한용운은 계속해서 불교를 통한 청년 운동을 펼치는 한편, '불교'라는 잡지를 인수하여 많은 논문을 발표했습니다.

이 잡지는 1933년에 폐간당했는데, 그 이유는 한용운의 과격한 논문 때문이라고 합니다.

한용운은 1935년 '조선일보'에 장편 소설 '흑풍'을 연재했으며, 1937년에는 불교 관계 민족 투쟁 비밀 결사인 '만당 사건'이 일어나 그 배후자로 고초를 겪었습니다.

1930년대 후반에 접어들자, 민족 인사 가운데 변절자가 나타나기 시작했습니다. 3·1 운동 때 독립 선언서를 썼던 육당 최남선도 그 가운데 한 사람이었습니다.

하루는 동지 몇 사람이 모여 식사하는 자리에서 한용운이 말했습니다.

"지금부터 일본 사람에게 종 노릇을 하는 육당의 장례식을 하겠습니다."

그리고는 변절자인 최남선의 이름을 종이에 적어 불에 태우더니,

"여러분, 장례 음식을 드시지요."

하고 울먹이는 것이었습니다.

그리고 얼마 뒤, 한용운은 길에서 최남선과 마주쳤습니다. 최남선은 한용운을 알아보고 반가워 소리쳤습니다.

"오, 만해! 오랜만이오."

그러자 한용운은 고개를 갸우뚱하며,

"누구시더라……."

하고 의아한 표정을 지었습니다.

"아니, 만해! 나를 몰라보다니……. 나, 육당이오."

"육당? 그 친구는 이미 죽었는데……. 내 손으로 장례식까지 치러 줬단 말이오."

"만해!"

"비키시오. 나는 당신을 모르니……."

한용운은 끝까지 최남선을 외면하고는 그 자리를 떠났습니다.

이처럼 한용운은 변절자는 사람 취급하지 않는 반면, 동지를 위하는 마음은 남달랐습니다. 독립 투사 김동삼이 감옥에서 죽었을 때, 제일 먼저 달려가 장례를 치러 준 것이 그였습니다.

만해 한용운은 1944년 5월 9일, 성북동 심우장에서 중풍으로 세상을 떠났습니다. 그가 마지막 살다 간 심우장은, 조선 총독부가 보기 싫다고 그 반대 방향에 지은 집이라고 합니다.

모험가·혁명가 편

장보고 바다를 주름잡은 호걸

전봉준 동학 혁명에 앞장선 '녹두 장군'

장보고

바다를 주름잡은 호걸

?~846, 일명 궁복(弓福)·궁파(弓巴).

일찍이 당나라에 건너가 무령군 소장(武寧君小將)이 되었으나 신라에서 잡혀간 노비의 비참한 처우에 분개하여 사직하고 귀국했다. 해적들의 인신매매를 근절시키기 위해 1만의 군사로 해로의 요충지 청해에 진을 설치하고 가리포(加利浦)에 성책을 쌓아 항만시설을 보수, 전략적 거점을 마련했다. 그리고 청해진 대사(淸海鎭大使)가 되자 해적을 완전 소탕했다. 왕위 계승 다툼에서 밀려난 우징과 함께 반란을 일으켜 839년 민애왕(閔哀王)을 죽이고 우징을 왕위에 오르게 하여 감의군사(感義軍使)가 되었다. 신무왕이 죽고 문성왕(文聖王)이 즉위하자 진해장군(鎭海將軍)이 되었다. 840년(문성왕 2년) 일본에 무역사절을, 당나라에 견당매물사(遺唐賣物使)를 보내어 삼각무역을 했다.

남해 바다의 어느 마을에 '궁복'이란 소년과 '정연'이란 소년이 살고 있었습니다.

두 소년은 형, 동생 하는 사이였는데, 궁복은 정연보다 두 살 위였습니다.

궁복과 정연은 그림자처럼 붙어다녔습니다. 특히, 마을의 포구를 즐겨 찾았습니다.

포구에는 크고 작은 고기잡이 배들이 드나들었습니다. 모두 다 바닷바람에 따라 움직이는 돛단배들이었습니다.

어떤 때는 당나라 무역선이 찾아와 정박을 하곤 했습니다.

그것은 두 소년에게 있어 크나큰 구경거리였습니다. 당나라 무역선 안에는 주단·약재·도자기·책 등이 가득 실려 있었던 것입니다.

정연이가 눈을 반짝이며 말했습니다.

"야, 배가 무지무지하게 큰데! 당나라에서 온 장삿배래."

"저 배만 타면 당나라까지 갈 수 있겠네?"

"물론이지! 그 나라는 우리 나라처럼 신분 제도가 엄격하지 않대. 그래서 우리 같은 천민의 자식들도, 실력만 있으면 출세할 수 있다는 거야."

"그게 정말이야?"

"그럼. 우리 마을에 사는 황씨 아저씨가 그러던데 뭐. 황씨 아저씨는 몇 년 전에 당나라에 다녀왔다잖아. 틀림없어."

궁복은 정연의 말을 듣고 가슴이 두근거렸습니다.

'어부의 자식도 실력만 있으면 출세할 수 있다구? 우리 나라 같으면 아무리 잘났어도 평생 어부 신세를 면하지 못할 텐데. 아, 당나라야말로 내 꿈을 마음껏 펼칠 수 있는 곳이로구나.'

이 때 정연이가 팔꿈치로 옆구리를 쿡 찔렀습니다.

"형, 뭘 그리 생각해? 내 말 안 들려?"

"으음……. 그래, 갑자기 좋은 생각이 떠올라서……."

"좋은 생각? 그게 뭔데?"

"야, 정연아! 우리 함께 당나라로 갈까? 이 좁은 땅을 벗어나 당나라에서 사는 거야!"

"뭐라고? 우리 나라를 놔두고 남의 나라에서 살자구? 그건 또 무슨 소리야?"

"정연아! 너도 한 번 생각해 봐. 우리의 장래를 말이야. 너나 나나 이 땅에서 열심히 일해 봤자 평생 어부로 살게 될 거야. 늙어 죽을 때까지 평생 그물을 놓지 못할 거라구. 하지만 당나라는 달라. 우리 같은 천민의 자식들도 실력만 있으면 얼마든지 출세할 수 있다며?"

"그야 물론 그렇지."

"그렇다면 망설일 것 없어. 함께 당나라로 건너가는 거야. 나는 무예를 닦아 장군이 되겠어. 그래서 당나라 땅에 신라인의 늠름한 기상을 떨칠 거야. 너는 헤엄을 잘 치니까 수군이 되는 게 좋겠다. 바닷속을 쉬지 않고 50리쯤 헤엄치는 정도의 실력이라면 장군이 되고도 남지. 안 그래?"

"하긴 우리 나라에서는 아무리 대단하다고 해도 우리 신분으로는 장군이 되지 못하지……. 알았어, 형. 나도 형을 따라 당나라로 가겠어. 그래서 보란 듯이 출세하겠어."

"그래, 정말 잘 생각했어. 우리, 출세하기 전에는 신라로 돌아오지 말자."

궁복과 정연은 당나라로 떠날 것을 약속하고, 그 날부터 마을의 포구를 배회했습니다.

두 소년은 당나라 무역선에 숨어 들어갈 기회를 노리고 있었습니다.

그러던 어느 날 밤, 드디어 기회가 왔습니다.

무역선이 당나라로 떠나기 전날 밤, 그 날 따라 안개가 짙게 깔려 앞을 분간할 수 없을 정도였습니다.

궁복과 정연은 당나라 무역선의 창고로 숨어 들어갔습니다.

창고 안에는 금·은·인삼·털가죽 등 당나라로 가져갈 물건들이 산더미 같이 쌓여 있었습니다.

두 소년은 물건 뒤에 몸을 숨기고 창고 바닥에 엎드렸습니다.

선원들의 말소리가 들려 왔습니다. 그러나 당나라 말을 모르기 때문에 한 마디도 알아들을 수가 없었습니다.

새벽녘이 되자, 안개가 말끔히 걷혔습니다.

선원들은 갑판 위를 부지런히 오가며 떠날 채비를 했습니다. 돛을 높이 올리고, 드디어 배가 출발했습니다.

무역선은 바다 위를 빠르게 미끄러져 갔습니다.

포구를 떠난 지 얼마 안 되어, 넓고 큰 바다에 이르렀습니다. 배는 밤낮을 가리지 않고 달렸습니다. 하루가 지나고, 또 이틀이 지났습니다.

창고 안에 숨어 있는 궁복과 정연은 기진맥진했습니다. 아무것도 먹지 못하고, 용변까지 참아 가며 견뎌야 하는 것은 이만저만 큰 고욕이 아니었습니다.

나흘째 되는 날, 두 소년은 더 이상 버틸 수가 없었습니다. 결국 창고에서 뛰쳐나오고야 말았습니다.

"웬 놈들이냐?"

궁복과 정연을 발견한 선원들이 다급하게 소리쳤습니다.

당나라 말이었습니다. 무슨 뜻인지 알 수가 없었습니다. 그래서 궁복은 손짓 발짓으로 종이와 붓을 달래서는 무역선에 숨어 탄 까닭을 자세히 적었습니다.

선장은 궁복이가 쓴 글을 찬찬히 읽어 보았습니다. 그러더니 종이에 이렇게 썼습니다.

'당나라에 가서 크게 출세하고 싶다고? 그 뜻은 장하다만, 어디 그게 쉬운 일인 줄 아느냐? 생고생하지 말고, 그만 네 고향으로 돌아가도록 해라. 내가 신라로 가는 배편을 주선해 줄 테니……'

궁복이도 몇 자 적었습니다.

'싫습니다. 출세하기 전에는 신라로 돌아가지 않겠습니다.'

'허허, 각오가 대단하구나. 너희들의 뜻이 정 그렇다면 당나라까지 태워다 주마.'

'고맙습니다! 선장님. 이 은혜는 잊지 않겠습니다.'

며칠 뒤, 무역선은 당나라 땅에 닿았습니다. '서주'에서 가까운 포구였습니다.

궁복과 정연은 무역선 선장의 소개로, 남의 집 머슴으로 들어갔습니다.

머슴살이는 힘들고 고달팠습니다. 등골이 빠지게 일을 해야 했습니다.

농사일뿐 아니라 온갖 허드렛일까지도 이들 차지였습니다.

그러나 두 소년은 힘든 내색 한 번 하지 않고 부지런히 일했습니다.

그리고 밤잠을 줄여 가며 날마다 무술 공부를 했습니다. 창쓰기, 활쏘기, 말타기 등을 열심히 배우고 익혔습니다.

그렇게 몇 년의 세월이 지났습니다. 궁복과 정연은 이제 소년의 티를 벗고 씩씩한 젊은이가 되었습니다.

두 사람은 서주 지방에서 열린 무술 대회에 출전했습니다.

이들은 내로라하는 무사들을 모두 물리치고 나란히 결승까지 올라갔습니다.

궁복과 정연은 맞붙어 싸웠습니다. 그러나 좀처럼 승부가 나지 않았습니다. 실력이 막상막하였습니다.

"용호상박(용과 범이 서로 싸운다는 뜻)이군. 이러다가 날이 저물겠는데……."

심판을 맡은 관리가 보다못해 시합을 중단시켰습니다.

"이 시합은 무승부다. 더 이상 자웅을 겨룰 수 없으므로 공동 1등을 선언한다."

이 말이 떨어지자, 두 사람은 서로 부둥켜안고 기뻐했습니다.

"형, 축하해."

"정연아, 너도 축하한다."

시합을 지켜본 사람들은 두 젊은이에게 뜨거운 박수를 보냈습니다.

궁복과 정연에게는 군관 벼슬이 내려졌습니다.

이들은 지금의 산동성 서남쪽 서주의 절도사가 이끄는 부대인

'무령군'에서 군 생활을 시작했습니다.

궁복은 당나라 사람들에게 '장보고'라고 불렸습니다.

그는 군관으로서 눈부신 활약을 하여 '말을 타고 창을 쓰는 데 있어 장보고와 맞설 사람이 없다.'며 그 이름을 당나라에 널리 떨쳤습니다.

장보고는 차츰 계급이 높아져, 몇 년 뒤에는 무령군 소장이 되었습니다. 무령군 소장은 6천 명 가량 되는 무령군 가운데 1천 병사를 지휘하는 높은 계급이었습니다.

정연도 그 이듬해에 무령군 소장의 자리에 올랐습니다.

장보고와 정연은 바쁜 중에도 자주 만나 함께 어울려 다녔습니다.

어느 날, 두 사람은 '등주'로 가기 위해 집을 나섰습니다.

등주에는 신라 사람들이 많이 모여 사는 '신라방'이 있었습니다. 장보고와 정연은 고향 생각이 날 때마다 이 신라방을 즐겨 찾곤 했습니다.

이 날도 향수에 젖어 신라방을 향해 가는데, 두 사람은 뜻밖의 광경을 보고 걸음을 멈추었습니다.

5~6명의 아이들이 땀을 뻘뻘 흘리며 무거운 돌을 나르고 있었던 것입니다.

그 가운데 한 아이가 돌의 무게를 못 이겨 바닥에 쓰러졌습니다. 그러자 공사장 감독이 달려와 소리쳤습니다.

"꾸물거리지 말고 빨리 일어나!"

감독은 쓰러진 아이의 등을 채찍으로 사정 없이 때렸습니다. 아이의 등은 금방 피범벅이 되었습니다.

'저, 저런! 어린아이를 저렇게 심하게 때리다니…….'

장보고와 정연은 눈이 동그래졌습니다. 너무나 끔찍한 장면이라, 못 본 체 그냥 지나칠 수가 없었습니다.

장보고가 감독에게 말했습니다.

"여보시오. 당신도 자식을 기르는 부모잖소? 불쌍한 아이들을 짐승 취급하다니……. 이게 사람이 할 짓이오?"

"군관 나리, 그런 말씀 하지 마십시오. 이 아이들은 사람이 아닙니다. 짐승만도 못한 노예일 따름입니다. 신라에서 팔려 왔거든요."

"뭐, 뭐라고?"

신라에서 팔려 왔다는 말에, 장보고와 정연은 깜짝 놀랐습니다.

"그게 정말이오? 그렇다면 애네들이 모두 신라 사람들이란 말인가?"

"그렇다니까요."

공사장 감독은 의기양양한 얼굴로 대답했습니다.

장보고는 믿어지지 않는지 그 자리에 못박힌 듯 서 있다가, 아이들에게로 다가갔습니다.

장보고는 신라 말로 물었습니다.

"신라에서 왔다고? 너희들은 어떻게 당나라까지 오게 되었느냐? 우리도 신라 사람이니 안심하고 얘기하거라."

그러자 한 아이가 말했습니다.

"나리, 저희들을 구해 주십시오. 저희들은 당나라 해적들에게 붙잡혀 왔습니다."

"뭣이라? 당나라 해적들에게?"

"예, 나리! 저희들은 바닷가 마을에서 살고 있었는데, 어느 날 밤 해적들이 나타나 저희들을 강제로 납치해서는 당나라로 끌고 와 노예로 팔아 버린 것입니다."

"저런 나쁜 놈들! 사람의 탈을 쓰고 그런 못된 짓을 하다니……"

장보고는 분노에 찬 목소리로 혼자 중얼거렸습니다.

장보고는 아이들을 데리고 신라방으로 갔습니다.

아이들은 신라 사람들이 모여 사는 동네를 둘러보며, 신기해했습니다.

장보고는 이 아이들을 구해 오게 된 경위를 신라방 사람들에게 자세히 들려 주었습니다.

　장보고의 이야기가 끝나자, 한 사람이 입을 열었습니다.

　그는 당나라 구석구석을 돌아다니며 장사를 하는 사람이었습니다.

　"이 아이들뿐이 아닙니다. 해적들에게 붙잡혀 온 것이……. 당나라 곳곳에 흩어져 노예 생활을 하는 이가 수없이 많아요."

　장보고는 이 말을 듣고 큰 충격을 받았습니다.

　'이럴 수가! 우리 정부에서는 도대체 무엇을 하고 있단 말인가? 해적들이 백성들을 노예로 팔고 있는데…….'

　장보고는 서주로 돌아와서도 등주에서 겪은 일이 머릿속에서 떠나지 않았습니다.

　'해적들이 활개치게 내버려 둘 수 없다! 고국으로 돌아가자.'

　마침내 장보고는 이렇게 결심하고, 혼자 신라로 돌아갔습니다. 이 때가 828년 봄, 흥덕왕 3년의 일이었습니다.

　장보고는 흥덕왕을 만나 말했습니다.

　"지금 당나라에는 해적들에게 노예로 팔려 온 백성들이 셀 수 없이 많습니다. 바라건대, 대왕께서 저에게 청해(지금의 완도)를 지키는 일을 맡겨 주신다면, 해적들이 우리 나라에 발도 못 붙이게 만들겠습니다."

　"좋다. 내가 그대에게 1만의 군사를 내줄 테니, 청해에 진을 설치하고 바다를 지키기 바란다. 그대를 청해진 대사로 임명하노라."

장보고는 흥덕왕의 허락을 얻어 청해로 내려갔습니다. 그는 가리포에 성책을 쌓아 항만 시설을 수리하고 수십 척의 군선을 만드는 한편, 수병들을 훈련시켰습니다.

그리하여 얼마 뒤에는 당나라 해적들을 완전 소탕할 수 있었습니다.

일본의 왜구조차 우리 나라에는 얼씬도 못하게 되었습니다.

명실공히 바다의 왕자로 군림하게 된 장보고는, 당나라와 일본을 연결하는 중계 무역을 벌였습니다.

그리고 신라의 물품을 수출하거나, 당나라의 물품을 수입하는 일도 했습니다.

당시 신라의 주요 수출 상품은 명주실로 짠 피륙·삼베·금·은·인삼·약재·털가죽 등이었고, 당나라의 주요 수출 상품은 주단·약재·공예품·책 등이었습니다.

장보고는 당나라에 30여 개의 신라방을 설치하고, 일본 규슈에는 지사까지 세우는 등 활발한 무역 활동을 했습니다.

장보고-바다를 주름잡은 호걸 **125**

특히, 장보고가 일본에 싣고 간 물건들은 인기가 대단했다고 합니다. 그에게는 역어(통역) 부대가 있을 정도였습니다.

837년(희강왕 2년), 왕위 계승 다툼에서 밀려난 김우징이 청해진으로 도망쳐 왔습니다.

장보고는 그를 거두어 주고, 이듬해 그와 함께 반란을 일으켜, 839년에는 민애왕을 죽이고 김우징을 왕위에 오르게 했습니다.

이 김우징이 신무왕입니다. 신무왕은 장보고를 감의군사로 삼았습니다.

신무왕이 왕위에 오른 지 3개월 만에 병으로 죽자, 그의 아들 문성왕이 그 뒤를 이었습니다. 문성왕은 장보고를 진해장군으로 삼았습니다.

845년(문성왕 7년), 문성왕은 장보고의 딸을 둘째 왕비로 맞아들이려고 했습니다.

김우징이 청해진으로 도망쳐 왔을 때, 반란에 성공하면 장보고의 딸을 자기 아들의 배필로 삼겠다는 약속을 한 적이 있었던 것입니다.

그러나 신하들은 그 결혼을 반대했습니다. 장보고가 천한 섬사람인데, 어찌 그 딸을 왕비로 맞아들일 수 있느냐는 것이었습니다.

결국 문성왕은 신하들의 뜻을 좇아 장보고의 딸을 왕비로 맞아들이지 않았습니다.

이렇게 되자, 장보고는 앙심을 품게 되었습니다.

'나를 배신하고 계속 왕 노릇을 할 줄 아느냐? 어디 두고 보자.'

장보고가 이렇게 복수의 칼을 갈고 있을 때, 궁전에서는 장보고를 해칠 음모를 꾸미고 있었습니다.

문성왕은 '염장'이란 장수를 조용히 불렀습니다. 염장은 일찍이 장보고의 부하로서, 김우징과 함께 반란을 일으켰을 때 앞장서 싸운 적이 있었습니다.

염장은 문성왕과 밀담을 나눈 뒤, 혼자 청해진으로 내려갔습니다.

장보고는 염장을 반갑게 맞이하며 성대한 술자리를 마련해 주었습니다.

"장군! 왕을 갈아치워야 합니다. 지금의 왕은 장군과의 약속을 손바닥 뒤집듯 하지 않았습니까? 장군! 내일 당장 군사를 일으킵시다."

염장은 거짓으로 왕을 배신한 것처럼 꾸미고, 장보고에게 온갖 감언이설을 늘어놓았습니다.

장보고는 기분이 좋았습니다. 오랜만에 자신의 마음을 알아 주는 동지를 만났기 때문입니다.

장보고는 염장이 권하는 잔을 모두 받아 마시고는 술에 몹시 취했습니다.

장보고가 정신을 잃고 곯아떨어지자, 염장은 회심의 미소를 지었습니다. 계획대로 척척 진행된 것입니다.

염장은 품속에서 칼을 꺼냈습니다. 그리고는 그 칼로 장보고의 가슴을 찔렀습니다.

  장보고는 그렇게 옛 부하의 칼에 의해 생을 마감했습니다. 이 때가 846년(문성왕 8년)이었습니다.

전봉준

동학 혁명에 앞장선 '녹두 장군'

1854~1895, 별명 녹두 장군(綠豆將軍).

1892년(고종 29년) 고부군수로 부임한 조병갑(趙秉甲)의 횡포에 농민과 동학교도를 이끌고 관아(官衙)를 습격하여 강탈당했던 세곡(稅穀)을 농민에게 배분하고 부패한 관원들을 감금하였다. 전라도 지방에 집강소(執綱所)를 설치하였으나 근본적인 시정 개혁이 실현되지 않아 재궐기를 계획하던 중 일본이 침략 행위를 노골화하자 이에 격분, 재봉기하였다. 한때는 중부·남부 전역과 함남·평남까지 항쟁 규모가 확대되었으나 관군과 일본군의 반격으로 패배를 거듭하였으며 공주에서 일본군과의 대격전 끝에 대패하고, 금구 싸움을 끝으로 종식되었다. 전봉준은 순창(淳昌)에 피신하여 손화중·김덕명·최경선 등과 재거(再擧)를 모의하던 중 붙잡혀 동지들과 함께 1895년 3월 사형당하였다.

1894년(고종 31년) 1월 10일 밤.

고부 관아가 있는 읍내를 향해 물밀듯이 쳐들어가는 두 패의 무리가 있었습니다. 이들은 고부에 사는 1천여 명의 동학교도와 농민들이었습니다. 모두가 한결같이 머리에는 흰 수건을 동여맸고, 죽창이나 창·칼을 손에 쥐고 있었습니다.

고부 읍내로 들어가는 데는 두 갈래 길이 있었습니다. 한 길은 천치재를 넘어 들어가는 것이고, 또다른 길은 영원을 지나서 가는 길이었습니다.

고부 군중들은 두 패로 나뉘어 읍내로 진격해 갔습니다.

영원 쪽으로 군중을 이끌고 간 것은 고부 지방의 동학 접주 '전봉준'이었습니다. 그는 작은 체구에도 불구하고 여간 야무지지 않아서 '녹두'라는 별명을 가지고 있었습니다.

그가 동학에 입교한 것은 3, 4년 전이었습니다. 한때 약장사도 하고 풍수쟁이 노릇도 하였으며, 마을에서는 훈장 노릇을 하였습니다.

그의 아버지 전창혁은 고부 향교의 장의를 지낸 사람이었습니다. 그런데 1893년 여름, 고부 군수의 횡포를 보다 못해 백성들을 대표하여 탄원서를 올렸다가, 관아에 갇혀 죽고 말았습니다.

당시의 고부 군수는 조병갑이었습니다. 그는 영의정을 지낸 조두순의 서조카로서, 여러 고을을 돌아다니며 가렴주구(세금을 가

혹하게 거두어들이고, 무리하게 재물을 빼앗음)를 일삼는 악명 높은 탐관오리였습니다.

1892년 1월에 고부 군수로 부임해 와서는, 농민들에게 너무 무거운 세금을 거두어들여 원성이 자자했습니다. 가뭄이 들어도 세금을 면제해 주지 않고 오히려 세 배나 더 징수하는가 하면, 자기 아버지의 송덕비(공덕을 기리어 후세에 길이 빛내기 위하여 세운 비석)를 세운다는 구실로 농민들에게 강제로 돈을 거두어들이기까지 했습니다. 또한, 부유한 농민들에게 엉뚱한 죄를 뒤집어씌워 재물을 빼앗기 일쑤였으며, 농민들을 동원해 만석보를 쌓고는 가을에 물세로 700섬의 쌀을 뜯어 내기도 했습니다.

군수가 이렇듯 온갖 부정을 저지르자, 농민들은 더 이상 견딜 수가 없었습니다. 그래서 1893년 11월, 농민 40여 명이 관가로 몰려가 항의했고, 12월에는 농민 60여 명이 몰려가 선정(바르고 착하게 다스림)을 베풀어 줄 것을 호소했습니다.

그러나 그 때마다 조병갑은 농민들을 곤장을 쳐서 쫓아냈습니다.

고부 농민들의 분노는 극에 달했습니다.

"이대로 앉아서 당하고만 있을 수 없어."

"탐관오리를 우리 손으로 몰아내자."

농민들은 전봉준을 중심으로 모였습니다. 전봉준은 봉기를 일으키기로 하고, 각 마을에 사발통문(누가 주모자인지 알지 못하게 하기 위하여, 관계자의 이름을 사발 모양으로 뺑 돌려가며 적은 통지문)을 돌렸습니다. 사발통문에는 다음과 같은 내용이 적혀 있었습니다.

'첫째, 고부성을 점령하고, 군수 조병갑을 잡아 죽여 목을 매달 것

둘째, 군기고와 화약고를 빼앗을 것

셋째, 군수에게 들러붙어 아첨하면서 백성들을 괴롭히는 탐관오리를 혼내 줄 것

넷째, 전주 감영을 함락시킨 뒤 한성으로 올라갈 것'

전봉준은 봉기 날짜를 1894년 1월 10일 밤으로 잡았습니다. 그리하여 동학교도 300여 명과 농민 1천여 명을 동원, 고부 관아로 쳐들어가게 된 것입니다.

동학 농민군의 함성은 고부 읍내를 흔들어 놓았습니다.

새벽에 기습을 당한 고부 관아는 발칵 뒤집혔습니다. 군졸들은 혼비백산하여 도망치기 바빴습니다. 조병갑도 이미 자취를 감추고 없었습니다.

동학 농민군은 군기고와 화약고를 빼앗아 무기를 꺼내고, 옥문을 열어 억울한 백성들을 풀어 주었습니다. 그리고 창고를 열어 가난한 농민들에게 곡식을 모두 나누어 주었습니다.

한편, 전라 감사 김문현으로부터 민란 보고를 받은 조정에서는 고부 군수 조병갑을 잡아들이고, 그 후임으로 용안 현감 박원명

을 임명했습니다. 그리고는 장흥 부사 이용태를 고부 안핵사(조선 시대에 지방에 일이 생겼을 때 그 일을 조사하기 위하여 보내던 임시 벼슬)로 내려보냈습니다.

3월 3일에 신임 군수로 고부에 온 박원명은 동학 농민군을 만나 술과 고기를 대접하며 말했습니다.

"지난 죄는 전부 용서해 주겠소. 각자 집으로 돌아가 농사일을 하시오."

박원명의 말에 대부분의 농민들은 뿔뿔이 흩어져 집으로 돌아갔습니다.

그러나 고부 안핵사로 부임한 이용태는 민란의 책임을 농민과 동학교도들에게 전적으로 떠넘겼습니다. 그는 농민과 동학교도들을 마구 잡아 죽이고 집에 불을 지르는 등 만행을 저질렀습니다.

농민과 동학교도에 대한 탄압이 계속되자, 전봉준은 이웃 여러 고을의 동학 접주들에게 통문을 돌렸습니다. 보국안민(나라 일을 돕고 백성을 편안하게 함)을 위하여 다같이 궐기할 것을 호소하는 내용의 통문이었습니다.

이 때 전봉준은 백산에 와 있었습니다.

3월 하순, 태인·무장·금구·정읍·부안·흥덕·고창 등의 동학 접주들이 저마다 동학교도와 농민들을 이끌고 백산으로 모여들었습니다. 동학 농민군은 1만여 명의 대부대가 되었습니다.

대장에는 전봉준이 추대되었고, 총관령은 손화중과 김개남이 맡았습니다.

전봉준은 네 가지 행동 강령을 정해 발표했습니다.

'첫째, 사람을 죽이지 말고 재물을 손상시키지 말 것

둘째, 충효를 다하여 제세안민(세상을 구제하고 백성을 편안하게 함)할 것

셋째, 왜적을 몰아내고 성도를 밝힐 것

넷째, 병사를 몰아 한성에 들어가 권귀(벼슬이 높고 권세가 있는 사람)를 없앨 것'

전봉준이 이끄는 동학 농민군은 병사들의 사기가 하늘을 찌를 듯했습니다. 이들은 금구·부안을 점령하고, 4월 7일에는 황토현에서 관군을 크게 무찔렀습니다. 계속해서 정읍·고창·무장 등을 차례로 함락시키고는, 4월 27일에는 마침내 전주성을 점령했습니다. 불과 한 달 만에 전라도 지방을 전부 휩쓴 것입니다.

한편, 이 즈음 정부의 요청으로 청국 병사들이 인천에 상륙하고, 일본은 일본대로 병사들을 조선에 보내려 하고 있었습니다.

정부는 이미 청주 병사 홍계훈을 양호 초토사로 삼아 관군 부대를 내려보냈는데, 홍계훈이 전봉준에게 협상을 제의했습니다.

전봉준이 여기에 응해, 동학 농민군과 관군 사이에 휴전이 맺어졌습니다. 5월 7일 이루어진 '전주 화약'은 다음의 12가지가

주요 골자였습니다.

'첫째, 동학교도와 정부 사이에는 숙혐(묵은 혐의)을 씻고 서민 정치를 베풀 것

둘째, 탐관오리는 그 죄목을 조사하여 일일이 엄중 징벌할 것

셋째, 횡포가 심한 부자들은 엄중 처벌할 것

넷째, 불량한 유림과 양반은 엄중 처벌할 것

다섯째, 노비 문서는 불에 태워 없앨 것

여섯째, 일곱 계급의 천한 백성의 대우를 개선하고, 백정의 머리에서 평양립을 없앨 것

일곱째, 청춘 과부는 개가(다시 다른 곳으로 시집가는 것)를 허락할 것

여덟째, 무명 잡세(정당한 세목을 붙이지 않고 받는 여러 가지 세금)는 일체 물리지 말 것

아홉째, 관리 채용은 지벌(지체와 문벌)을 보지 말고 인재를 뽑아서 쓸 것

열째, 왜와 서로 내통하는 자는 엄중 처벌할 것

열한째, 공사채를 막론하고 이미 있는 빚은 일체 물리지 말 것

열두째, 토지는 골고루 나누어 줄 것'

이상의 12가지 조문을 실시하기 위해, 전라도 각 지방에는 집강소를 두었습니다. 이것은 농민 스스로 지방의 치안과 재정을

맡아 보는, 일종의 민정 기관이었습니다.

얼마 뒤, 청일전쟁이 일어났습니다.

전봉준은 전쟁 소식을 듣고, 다시 봉기할 것을 결심했습니다. 지금이야말로 항일 투쟁을 할 때라고 생각한 것입니다.

9월 중순, 전봉준은 10만 명의 남접 농민군을 이끌고 논산으로 갔습니다. 전봉준은 손병희의 10만 북접 농민군과 합세하여 공주로 향했습니다.

공주성에는 일본군과 관군이 연합하여, 동학 농민군을 맞아 싸울 준비를 갖추고 있었습니다.

11월 9일, 동학 농민군은 공주를 공격했습니다. 그러나 청국군을 무찌른 일본군과 관군의 신식 무기를 당해 낼 수가 없었습니다. 동학 농민군의 시체가 산을 이루고, 그들의 피가 강을 이루었습니다.

우금치 싸움에서 크게 패한 뒤, 동학 농민군은 논산 금구 태인 등으로 후퇴를 거듭했습니다. 몇 차례의 전투를 거쳐 쫓겨 내려와 보니, 남은 병사는 겨우 수백 명이었습니다.

마침내 전봉준은 해산 명령을 내렸습니다.

전봉준은 손화중 · 김덕명 · 최경선 등 세 명의 동지와 함께 순창으로 갔습니다. 순창 피노리에는 옛 동지인 김경천이 살고 있었습니다.

12월 2일, 피노리에 숨어 있던 전봉준은 김경천의 밀고로 관군에 붙잡히고 말았습니다.

전봉준은 한성으로 압송되어 1895년 3월에 동지들과 함께 교수형에 처해졌는데, 죽기 전에 다음과 같은 시를 남겼다고 합니다.

때를 만나서는 천하도 힘을 합하더니
운이 다하니 영웅도 어쩔 수 없구나.
백성을 사랑하고 정의를 위한 길이 무슨 허물이야
나라를 위한 일편단심 그 누가 알리.

독립운동가편

최익현 의병을 일으킨 대쪽 선비

김구 조국 광복을 위해 힘쓴 민족 지도자

안창호 민족의 위대한 선구자

안중근 이토 히로부미를 사살한 독립 투사

김좌진 청산리 대첩의 큰 별

유관순 나라 위해 몸바친 애국 소녀

최익현

의병을 일으킨 대쪽 선비

1833~1906, 자는 찬겸(贊謙), 호는 면암(勉庵).
1904년 러일전쟁이 터지고 일본의 침략이 노골화되자 일본으로부터의 차관(借款) 금지, 외국에 대한 의부심(倚附心) 금지 등을 상소하여 친일 매국도배들의 처단을 강력히 요구하다가 두 차례나 일본 헌병들에 의해 향리로 압송당하였다. 1905년 을사조약이 체결되자 〈창의토적소(倡義討賊疏)〉를 올려 의거의 심경을 토로하고, 항일 의병 운동의 전개를 촉구하였다. 74세의 고령으로 임병찬(林秉瓚)·임락(林樂) 등 80여 명과 함께 의병을 모집, 약 400명의 의병을 이끌고 관군·일본군에 대항하여 싸웠으나 패전, 체포되어 대마도에 유배되었다. 유배지에서 지급되는 음식물을 적이 주는 것이라 하여 거절, 단식을 하다 병을 얻어 세상을 떠났다. 문집에 《면암집(勉庵集), 합 48권》이 있다.

"야, 먹음직스럽게 쪄졌는데. 김이 모락모락 나는 것 좀 봐."
"신난다! 얼마 만에 먹어 보는 떡이냐?"

떡시루가 들어오자, 유학자 이항로 선생 댁에서 공부하는 학생들은 환성을 올렸습니다. 이들은 입맛을 다시며, 떡시루 주위로 모여들었습니다.

겨울철이면 가끔 학생들이 쌀을 거두어 떡을 해 먹는 것이 이곳의 습속(생활화된 풍속)이었습니다.

오늘은 일찌감치 저녁을 먹고, 밤 10시까지 글을 읽으며 떡을 기다리고 있었던 것입니다.

학생들은 스승 몫의 떡을 먼저 떼었습니다. 그리고는 떡을 떼어 나누기 시작했습니다.

기남이에게도 떡이 돌아왔습니다.

기남이는 자기 몫의 떡을 조금 떼어 먹고는, 떡그릇을 옆으로 밀어 놓았습니다. 그리고 보던 책으로 다시 눈길을 주었습니다.

그러나 다른 친구들은 정신 없이 떡을 먹고 있었습니다.

그 가운데 한 학생이 기남이에게 물었습니다.

"야, 너는 왜 떡을 안 먹고 남겼냐?"
"응, 배가 좀 아파서……. 저녁 먹은 것이 체했나 봐."

기남이는 이렇게 대답하며, 어색한 웃음을 흘렸습니다.

떡을 먹고 난 학생들은 다시 책을 잡았습니다. 자정 무렵까지 글을 읽고는 모두들 잠자리에 들었습니다.

글방 친구들이 잠들자, 기남이는 떡그릇을 들고 나왔습니다.

밖에는 함박눈이 펑펑 쏟아지고 있었습니다.

기남이의 집은 이 곳 경기도 양근의 벽계에서 10리쯤 떨어진 두턱골에 있었습니다. 기남은 두턱골을 향해 눈길을 걷기 시작했습니다.

눈은 금방 쌓였습니다. 눈이 무릎까지 빠지는 길을 기남이는 혼자서 헤쳐 나갔습니다.

평소 같으면 한 시간 정도 걸리는 거리였지만, 오늘은 두 시간 만에 간신히 집에 닿았습니다.

마침 집에는 불이 켜져 있었습니다. 어머니가 밤늦도록 바느질을 하고 있었던 것입니다.

어머니는 기남이가 나타나자 깜짝 놀라 소리쳤습니다.

"이 오밤중에 어쩐 일이니?"

"어머니, 이것 받으세요. 오늘 글방에서 떡을 했거든요."

기남이는 종이에 싼 떡그릇을 꺼내 어머니에게 주었습니다.

어머니는 떡을 보자 가슴이 뭉클했습니다. 열네 살짜리 어린 것이 자기를 위하는 마음에, 결코 가깝지 않은 길을 달려왔다고 생각하니 눈물이 핑 돌았습니다.

"어머니, 어서 드세요."

아들의 재촉에 못 이겨 떡을 입에 넣었습니다. 그러나 목이 메어 삼킬 수가 없었습니다.

기남이는 잠시 머물러 있다가 밖으로 나왔습니다. 그리고는 눈이 덮인 길을 걸어 새벽녘쯤 벽계에 닿았습니다.

기남은 면암 '최익현'의 어릴 적 이름입니다.

최익현은 1833년 12월 5일, 경기도 포천현 내북면 가채리에서 태어났습니다. 4세 때 충청도 단양으로 이사했고, 6세 때부터 글공부를 시작했습니다.

그의 집안은 가난에 쪼들리는 형편이었습니다. 그래도 아버지는 자식의 공부를 위해 선생을 집에 모시기까지 했습니다.

11세 때 경기도 양근의 두턱골로 이사 온 최익현은, 14세 때부터 화서 이항로 선생의 제자가 되어 학문의 길을 걷기 시작했습니다.

화서 이항로는 조선 말의 가장 유명한 성리학자였습니다. 최익현은 이 훌륭한 스승에게서 '격몽요결'·'대학장구'·'논어집주' 등 성리학의 기본을 배우고 익힐 수 있었습니다.

1852년(철종 3년) 10월에 청주 한씨와 결혼한 최익현은, 1854년 봄에는 고향인 포천 가채리로 돌아왔습니다. 그리고 초여름부터 성균관에 머물며 과거 공부를 하기 시작했습니다.

최익현이 과거에 급제한 것은 이듬해 2월이었습니다. 정시 문과에 병과로 급제한 것입니다.

최익현은 권지승문원 부정자로 벼슬살이를 시작한 이후, 24세 때는 성균관 전적, 25세 때는 순강원 수봉관이 되었고, 27세 때는 사헌부 지평(정5품)이 되었습니다. 또한, 사간원 정언(정6품)을 거쳐 28세 때는 이조 정랑(정5품)에 올랐으며, 30세 때는 충청도 신창 현감에 임명되었습니다.

신창 현감으로 있을 때는 청백리로서 백성들의 칭송을 받았습니다. 그래서 벼슬을 그만두었을 때는 백성들이 길을 막고 그대로 계셔 달라고 애원하여, 부득이 밤을 타서 그 곳을 떠나왔다고 합니다.

그 후 최익현은 예조 좌랑(정6품)·성균관 직강(정5품)·사헌부 지평 등을 지낸 뒤, 1868년(고종 5년)에는 사헌부 장령(정4품)에 임명되었습니다.

당시 집권자는 흥선 대원군이었습니다. 흥선 대원군은 임진왜란 때 불타서 빈 터만 남아 있던 경복궁을 다시 짓기로 하고, 3년 전부터 공사를 하고 있었습니다.

그런데 이 공사에는 막대한 비용이 들었습니다. 그래서 이 문제를 해결하기 위해 조정에서는 벼슬자리를 팔았으며, 당백전을 발행하기까지에 이르렀습니다. 심지어 '문세'까지 거둬들였는데, 그것은 한성의 4대문을 통과하는 사람들에게 부과한, 이른바 통행세였습니다.

당연히 백성들의 원성이 자자할 수밖에 없었습니다.

최익현은 이 기막힌 현실을 앉아서 보고만 있을 수 없었습니다. 그래서 흥선 대원군의 정책을 비판하는 상소를 올렸습니다.

최익현은 이 상소에서 첫째, 경복궁 중건을 그만둘 것과 둘째, 백성의 재물을 거두는 일을 중지할 것, 셋째, 당백전을 없앨 것,

넷째, 문세 걷는 일을 폐지할 것 등을 간하였습니다.

최익현은 이 상소 때문에 사간원의 탄핵을 받아 관직을 삭탈당하였으나, 그의 이름은 이 때부터 온 나라에 널리 퍼졌습니다.

최익현은 대원군에 대한 공격을 여기에서 그치지 않았습니다.

1873년(고종 10년), 동부승지(정3품)에 임명되자, 이를 사임하는 상소에서 또다시 대원군의 정책을 비판하고 나선 것입니다.

그러자 얼마 뒤에 그에게 호조 참판(종2품)이 내려집니다. 최익현은 이번에도 다시 사직 상소를 올려, 대원군의 잘못된 정치를 노골적으로 비판했습니다.

이 상소에서 임금의 아버지를 논박했다는 죄로 체포된 최익현은 제주도로 귀양을 떠나게 되었습니다.

그러나 그의 거듭된 상소로 인해, 대원군은 결국 권력을 잃고 맙니다.

최익현은 1875년 4월에 귀양이 풀리는데, 다음 해 또다시 귀양 길에 오르게 되었습니다. 이번에는 '병자 척화 상소' 때문이었습니다. 1876년, 일본의 강압에 의해 병자 수호 조약이 맺어지려 하자, 최익현은 그것을 반대하는 상소를 올린 것입니다.

최익현은 도끼를 들고 대궐 앞에 나아가 밤새도록 엎드려 있었습니다.

"상감마마, 일본과 조약을 체결하시면 안 됩니다. 그 전에 이

도끼로 제 목을 치십시오."

그러나 그의 피맺힌 절규는 받아들여지지 않았고, 흑산도로 유배되고 말았습니다.

유배가 풀린 것은 3년 뒤였습니다. 최익현은 고향에 돌아가 학문을 깊이 연구하며, 후진 양성에 힘썼습니다.

1900년(고종 27년) 5월, 최익현은 영남 지방에 갔다가 경주에 들른 적이 있었습니다.

당시만 해도 그의 덕망이 어찌나 높았던지, 가는 곳마다 그를 우러르고 따르는 선비들이 이삼백 명이 넘었습니다.

최익현은 선비들과 함께 최 부자 집에서 묵게 되었습니다. 최 부자는 '개무덤'으로 유명한 사람이었습니다.

최 부자는 평소 존경하는 최익현 선생이 찾아왔다고, 상다리가 휘어지도록 음식을 차려 왔습니다.

상 위에는 별의별 음식이 다 놓여 있었습니다. 최 부자는 최익현 옆에 앉아 이것저것 음식을 권했습니다.

그러나 최익현은 다른 음식은 거들떠보지도 않고, 나물 한 가지로 밥을 먹는 것이었습니다. 그러면서 하는 말이,

"융숭한 대접을 받고 보니 몸둘 바를 모르겠소. 고맙소이다, 최 부자. 나는 본래 나물만 먹던 사람이라 다른 음식은 먹지 못하오. 기름진 음식을 많이 먹게 되면 배탈나기 십상이지요. 나물 먹던

뱃속엔 역시 나물이 제일이랍니다."

이 말을 들은 사람들은 그의 청렴한 인품에 고개를 숙이지 않을 수 없었습니다.

1905년(고종 32년)에 을사조약이 체결되자, 최익현은 곧바로 상소를 올렸습니다.

그는 이 상소에서 '을사조약을 찬성한 다섯 매국노, 즉 이완용·박제순·이지용·이근택·권중현(을사 5적)을 목베어, 이들을 매국의 죄로 처벌하고 조약 무효화의 조처를 취하자'고 주장했습니다. 또한, 조선 8도 사민(선비와 백성)들에게 포고문을 내어 항일 투쟁을 호소했습니다.

1906년 2월, 최익현은 의병을 일으키기로 결심하고 전라도로 향했습니다. 그는 4월에 임병찬·임낙 등 80여 명을 모아 전라도 태인에서 의병을 일으켰습니다.

그가 이끄는 의병은 정읍·순창을 거쳐 곡성으로 갔다가 순창으로 회군했습니다. 그 동안 그 수는 점점 늘어 800여 명에 이르렀습니다.

이 때, 최익현의 의병 부대는 적의 공격을 받게 되는데, 그 적은 왜병이 아닌 우리 관군이었습니다. 뒤늦게 이 사실을 안 최익현은 관군에게 편지를 써 보냈습니다.

'동족끼리 서로 다투는 것은 옳지 않으니, 즉시 물러가도록 하

시오.'

관군의 답장이 날아왔습니다.

'군사를 당장 해산시키시오. 그러지 않으면 전진하겠소. 우리에게 후퇴는 없소이다.'

최익현은 답장을 읽고 잠시 생각에 잠겼습니다. 그러더니 병사들을 모아 놓고 말했습니다.

"나는 동족끼리 다투고 싶지 않으니, 너희들은 즉각 해산하라."

최익현의 해산 명령에 700여 명이 돌아가고 선비 100여 명이 남았습니다.

이날 저녁, 드디어 관군의 공격이 시작되었습니다. 포소리가 지축을 뒤흔들었습니다.

최익현이 다시 말했습니다.

"여기는 죽는 곳이니, 부모 처자가 있는 사람은 당장 떠나거라."

선비들은 서로 얼굴을 보았습니다. 80여 명이 떠나고, 22명이 남았습니다. 그리고 젊은 의병 정시해가 총에 맞아 죽었을 때는, 최익현을 호위하는 사람이 12명으로 줄어들었습니다.

끝까지 남아 싸우던 사람들은 결국 체포되어 한성으로 압송되었습니다. 이들은 명동에 있는 일본군 사령부로 끌려갔습니다.

최익현은 일본군 사령부 유치장에서 다음과 같은 시를 읊었습니다.

일찍이 들었노라,
세상의 온갖 일 뜻 있으면 이룸을.
내 살아가며 벼슬에 몸 두기를 가벼이 하였나니,
마음 속 한 가닥 충절 펴보지도 못한 채
부끄러이 몸이 먼저 묶였으니
다시 무슨 말로 우리 임을 보답하랴.

1906년 6월, 일본군 사령부에 의해 대마도 3년 감금형에 처해진 최익현은, 7월에 일본 대마도로 옮겨졌습니다. 그는 대마도 엄원의 일본 위수영 경비대 안에 갇혔습니다.

최익현은 여기서 지급되는 음식물을 적이 주는 것이라 하여 거절하고 굶기 시작했습니다. 그러다가 그는 그 곳의 수비대장에게,

"면암 선생의 식비가 조선 정부에서 왔습니다."

라는 말을 듣자, 단식을 중단했습니다.

그러나 10월에 병을 얻은 최익현은 결국 11월 17일에 대마도에서 숨을 거두고 말았습니다.

그의 유해가 부산에 도착하자, 수천 명의 군중이 몰려나와 상여를 붙잡고 통곡했습니다. 그래서 상여는 하루에 10리도 가지 못했습니다. 이를 보고 겁을 먹은 왜병들은 그의 유해를 기차로 모셨다고 합니다.

김구

조국 광복을 위해 힘쓴 민족 지도자

1876~1949, 호는 백범(白凡), 본명은 창수(昌洙), 법명은 원종(圓宗). 1909년 양산 학교 교사로 있다가 이듬해 신민회(新民會)에 참가하고, 1911년 '105인 사건'으로 체포되어 17년 형을 선고받았다. 복역 중 감형으로 1914년 출옥하였다. 3·1 운동 후 상해로 망명, 대한민국 임시정부 조직에 참여하고, 1928년 이시영(李始榮)·이동녕(李東寧) 등과 한국독립당을 조직, 총재가 되었다. 이로부터 항일무력활동을 시작, 결사단체인 한인애국단을 조직, 1932년 일본 천왕 히로히토 저격사건, 상해 홍구 공원 일본 천왕 생일 축하식장의 폭탄 투척 사건 등 이봉창(李奉昌)·윤봉길(尹奉吉) 등의 의거를 지휘하였다.

1949년 6월 26일 경교장(京橋莊)에서 육군 포병 소위 안두희(安斗熙)에게 암살당하였다. 저서로는 《백범일지(白凡逸志)》가 있다.

"**단장님,** 제가 올해 서른두 살입니다. 저는 서른두 해 동안 살아오면서 인생의 즐거움은 모두 맛보았습니다. 따라서 남은 삶에 대한 미련은 전혀 없습니다."

1931년 어느 날, 대한민국 임시정부의 국무령 김구는 중국 상해 거류민단 사무실에서 '이봉창'이란 젊은이를 만나고 있었습니다. 김구는 거류민단 단장을 겸하고 있었습니다.

"단장님, 제가 일본의 도쿄와 오사카 등지를 떠돌아다니다가 상해로 건너온 것은 한 가지 목적 때문입니다. 저는 이제부터 조국 광복을 위해 목숨을 바치겠습니다. 일본 천황을 제 손으로 죽이고 싶습니다."

김구는 애국심에 불타는 열혈 청년을 바라보며, 입을 열었습니다.

"장한 생각이오. 나는 사실, 그대 같은 애국 청년을 찾고 있었소. 함께 몸 바쳐 싸워 봅시다."

김구는 이봉창의 손을 굳게 잡았습니다.

그는 이봉창을 한인 애국단에 가입시켰습니다. 한인 애국단은 일제에 대한 파괴 공작과 요인(중요한 자리에 있는 사람) 암살을 위해 만든 비밀 결사였습니다.

김구는 이봉창을 홍구에 있는 일본인 공장에 취직시키고, 거사 준비에 들어갔습니다.

얼마 뒤, 미국에서 자금이 왔습니다. 임시 정부를 돕기 위해 교포들이 부쳐 온 돈이었습니다. 김구는 그 돈으로 수류탄 두 개를 사서 이봉창에게 전했습니다.

이봉창은 수류탄을 가슴에 품고 일본으로 건너갔습니다.

1932년 1월 8일, 이봉창은 천황 히로히토에게 수류탄을 던졌습니다. 히로히토가 만주국 황제 부의와 동경 교외 요요기 연병장에서 열병식을 마치고 돌아갈 때였습니다. 그러나 거리가 멀어 실패하고 말았습니다.

이봉창은 현장에서 붙잡혔습니다. 그 해 10월, 비공개 재판에서 사형을 선고받은 그는 이치가야 형무소에서 순국하였습니다.

이봉창의 거사가 실패로 돌아가자, 김구는 또다른 거사를 준비했습니다.

한인 애국단에는 '윤봉길'이란 25세 청년 단원이 있었습니다. 윤봉길은 1930년 2월에 중국 상해로 건너와 세탁소·모직 공장 등에서 일하고 있었습니다.

김구는 그에게 새로운 거사를 맡겼습니다. 거사 날짜는 4월 29일, 장소는 일본 천황의 생일인 천장절 축하식 겸 상해 사변 전승 기념식이 열리는 홍구 공원이었습니다.

윤봉길은 폭탄을 숨겨 홍구 공원으로 갔습니다. 그는 식장 정면에 폭탄을 던지고 '대한민국 만세'를 외쳤습니다.

폭탄이 터져 일본 상해 파견군 사령관 시라카와 요시노리 대

장, 상해 일본 거류민단 단장 가와바타 등이 죽고, 일본 제3함대 사령관 노무라 기치사부로, 제9사단장 우에다 겐키치, 주중 일본 공사 시게미쓰 마모루 등이 중상을 입었습니다.

　윤봉길은 거사 직후 체포되어 그 해 12월 19일, 일본 오사카 형무소에서 처형되었습니다.

1932년의 이봉창과 윤봉길의 의거로 김구의 이름은 세상에 널리 알려지게 되었습니다.

김구는 두 의거의 주모자가 바로 자신이라는 성명서를 발표했던 것입니다.

조국 광복을 위해 평생을 바친 민족 지도자, 백범 김구. 그는 1876년 7월 11일, 황해도 해주에서 태어났습니다. 어렸을 때의 이름은 창암·창수 또는 구라고 하였습니다.

네 살 때 마마를 앓아 가까스로 목숨을 건진 일이 있었으며, 아홉 살 때부터 글을 배우기 시작했습니다.

15세 때는 한학자 정문재에게서 한학을 배웠고, 17세 때는 해주에서 과거 시험을 보았습니다.

이듬해 동학에 들어간 김구는 얼마 후 접주가 되었으며, 19세 때는 팔봉 도소 접주에 임명되어 동학 농민군의 선봉장으로 나섰습니다.

그러나 곧 쫓기는 몸이 되어 만주로 피신해서 김이언의 의병 부대에 들어갔습니다.

을미사변(일본의 자객들이 경복궁을 침입하여 민비를 죽인 사건)이 일어나자 충격을 받은 그는 고국으로 돌아왔습니다.

1896년 2월, 김구는 황해도 안악의 치하포에서 일본인 한 사람을 우연히 만났습니다. 그의 이름은 '쓰치다'로, 민비를 죽이는 데 가담한 일본군 중위였습니다.

김구는 민비의 원수를 갚는다며, 그의 칼을 빼앗아 단칼에 베어 버렸습니다.

쓰치다의 숨이 끊어지자, 김구는 길가의 담벼락에 방을 써 붙였습니다. '해주 백운방 텃골에 사는 김창수가 쓰치다 중위를 죽였다'는 내용의 방이었습니다.

김구는 이 사건으로 체포되어, 인천 감리영에서 사형 판결을 받았습니다.

그러나 2년 뒤에 김구는 감옥에서 탈출하여 남쪽으로 내려갔습니다. 전라도 지방을 떠돌아다니다 공주 마곡사에서 스님이 된 김구는, 한성의 새 절에서 잠시 머물다가 평양으로 갔습니다. 평양에서 40리 밖에 있는 대보산 영천암의 주지가 된 것입니다.

하지만 몇 달 만에 환속한 김구는 방랑의 길에 나서, 이곳 저곳을 떠돌아다녔습니다.

1903년, 김구는 기독교 신자가 되었습니다. 그리고 34세 때는 황해도 안악 양산 학교 교사 겸 재령 보강 학교 교장이 되었습니다. 이듬해 김구는 황해도 대표로서 신민회에 참가했습니다. 36세 때에는 105인 사건으로 체포되어 17년형을 선고 받았습니다. 이 때 그의 어머니가 서대문 감옥으로 면회를 왔습니다.

어머니는 밝고 환한 얼굴로,

"장하다, 내 아들아. 나는 네가 경기 감사가 된 것보다 더 기쁘구나."

하고 아들을 격려했다고 합니다.

1914년에 감옥에서 풀려난 김구는 동지 김홍량의 동산평 농장으로 갔습니다. 김구는 이 농장에서 몇 년 동안 숨어 살다가 1919년 3·1 운동 직후, 중국 상해로 망명했습니다.

상해에는 4월 13일에 대한민국 임시정부가 수립되었고, 그는 초대 경무국장이 되었습니다.

그 후 내무총장·국무총리 대리 등을 거쳐 1926년에 국무령에 취임한 김구는, 1928년에 이동녕·이시영·조소앙 등과 한국독립당을 조직하여 당수가 되었습니다.

이 때부터 김구는 일제에 대한 항일 투쟁을 전개하여 한인 애국단을 조직, 이봉창·윤봉길 등의 의거를 지휘했습니다.

1932년의 의거로 일제의 탄압이 심해지자, 김구는 임시정부를 절강성 항주로 옮겼다가, 1937년 11월에는 중국 정부를 따라 중경으로 옮겼습니다.

김구는 중경에서 한국 광복군을 창설하여 사령관에 지청천, 참모장에 이범석을 임명했습니다.

1939년에 임시정부 주석에 취임하여 1944년에 재선된 김구는

1945년 2월, 대한민국의 이름으로 일본과 독일에 정식으로 선전 포고를 했습니다. 그리고 광복군 낙하산 부대를 만들어 본토 상륙 작전 훈련을 시작했습니다.

그러던 중 1945년 8월에 해방을 맞이하게 되었습니다.

1945년 11월 29일에 고국으로 돌아온 김구는, 12월 28일에 모스크바 삼상 회의(미국·영국·소련)에서 우리 나라의 신탁 통치를 결정하자, 그 반대 운동에 앞장섰습니다. 그는 자주 독립의 통일 정부를 세워야 한다며, 동포들에게 호소했습니다.

김구는 '나의 소원'이란 글에서 이렇게 말했습니다.

'네 소원이 무엇이냐? 하고 하나님이 내게 물으시면 나는 서슴지 않고 내 소원은 대한 독립이오! 하고 대답할 것이다. 그 다음

소원은 무엇이냐? 하고 물으시면, 나는 또 우리 나라의 독립이오! 할 것이요, 또 그 다음 소원이 무엇이냐? 하는 셋째 번 물음에도 나는 더욱 소리를 높여서, 내 소원은 우리 나라 대한의 완전한 자주 독립이오! 하고 대답할 것이다.

동포 여러분! 나의 소원은 이것 하나밖에는 없다. 내 과거의 칠십 평생을 이 소원을 위해서 살아왔고, 현재에도 이 소원 때문에 살고 있고, 또 미래에도 나는 오직 이 소원을 이루기 위해서 살 것이다.'

김구는 그토록 간절히 '우리 나라 대한의 완전한 자주 독립'을 바랬지만, 현실은 분단으로 치닫고 있었습니다. 1948년 8월 15일과 9월 9일에 UN의 결의에 의해 남북한에 각각 단독 정부가 수립되었던 것입니다.

이듬해 6월 26일 오전 11시 30분경, 백범 김구가 사는 경교장으로 '안두희'라는 청년이 찾아왔습니다. 그는 육군 포병 소위 계급장을 달고 있었습니다.

안두희는 김구에게 인사를 드리자마자 권총을 꺼냈습니다. 백범 김구는 그가 쏜 4발의 총탄을 맞고 경교장 2층에서 쓰러졌습니다.

백범이 암살당했다는 소식이 전해지자, 서울 장안은 울음바다가 되었다고 합니다.

그의 장례식은 전국민의 애도 속에 7월 5일에 거행되었는데, 그 날 영결식장에서는 다음과 같은 추도가(작사 이은상, 작곡 김성태)가 불리어졌습니다.

어허 여기 발 구르며 우는 소리
지금 저기 아우성치며 우는 소리
하늘도 땅도 바다조차 우는 소리
끝없이 우는 소리 임이여 듣습니까
임이여 듣습니까.

이 겨레 나갈 길이 어지럽고 아득해도
임이 계시오매 든든한 양 믿었더니
두 조각 갈라진 땅 이대로 버리고서
천고에 한을 품고 어디로 가십니까
어디로 가십니까.

떠도신 70년이 비바람도 세옵더니
돌아와 마지막에 광풍으로 지시다니
열매를 맺으려고 지는 꽃 어이리까
뿜으신 피의 값이 헛되지 않으리다

헛되지 않으리다.

3천만 울음소리 임의 몸 메고 가오
평안히 가옵소서 돌아가 쉬옵소서
뼈저린 아픈 설움 가슴에 부드안고
끼치신 임의 뜻을 우리 손으로 이루리다
우리 손으로 이루리다.

안창호

민족의 위대한 선구자

1878~1938, 호는 도산(島山).

1897년 독립협회(獨立協會)에 가입하고, 만민공동회(萬民共同會)를 개최하여 많은 청중에게 감동을 안겨준 연설을 하였다. 1905년에는 교포들을 위해 미국에서 한인 공립 협회를 만들어 《공립신보(共立新報)》를 발간하였다. 1906년 귀국, 1907년 항일비밀결사 신민회(新民會)를 조직하여 《대한매일신보(大韓每日新報)》를 기관지로 하여 활동을 시작하였다. '105인 사건'으로 신민회·청년학우회가 해체되자 1913년 흥사단(興士團)을 조직하였다. 3·1 운동 직후 상해로 가서 임시정부 조직에 참가하여 《독립신문(獨立新聞)》을 창간하였다. 1932년 윤봉길(尹奉吉)의 폭탄 사건으로 일본 경찰에 체포되어, 본국으로 송환되었다. 1938년 병으로 사망하였다.

1894년 청일전쟁이 일어나, 청나라 군대와 일본 군대가 평양에서 전투를 치른 지 며칠 뒤의 일이었습니다.

평양에 사는 17세 소년 창호는 두 나라 군대가 싸우는 것을 보고 고개를 갸우뚱했습니다.

'저희 나라에서 싸울 일이지, 왜 남의 나라 땅에 와서 소란을 피우는 걸까?'

안창호는 이런 의문을 품고, 서당 선배인 필대은을 찾아갔습니다. 이 문제를 가지고 둘이서 밤새도록 토의한 끝에 이런 결론을 얻었습니다.

'우리 나라가 힘이 없기 때문이다. 우리가 힘있는 민족이 되면, 아무도 우리 땅에 발붙이지 못할 것이다.'

나라와 민족의 장래를 염려하던 안창호는, 이듬해에 서울로 올라갔습니다.

서울 서부 대정동에는 구세 학당이 있었는데, 선교사인 언더우드가 세운 학교였습니다. 안창호는 이 학교에 들어가 2년 동안 공부하고 기독교인이 되었습니다.

1897년에 독립협회에 가입한 안창호는, 다음해 평양에 독립협회 관서 지부를 조직하기 위해 만민 공동회를 열었습니다. 장소는 평양 대동강 서편 언덕에 있는 쾌재정이었습니다. 안창호는 연사로 나와, 집권층을 비판하고 민족의 각성을 촉구하는 연설을 하여 명성을 얻었습니다.

독립협회가 해산되자, 안창호는 고향인 평안 북도 강서군으로 돌아와서 동진면 암화리에 점진 학교를 세웠습니다. 이 학교는 우리 나라 사람의 손으로 세워진 최초의 사립 학교로서, 남자와 여자를 같은 학교에서 교육시켰습니다.

한편, 안창호는 고향에서 황무지 개척 사업도 벌였는데, 이런 생활은 3년 반 동안 계속되었습니다.

1902년에 안창호는 결혼식을 올리고 미국 유학의 길을 떠나게 됩니다. 그가 유학을 결심한 것은, 교육학과 신학을 본격적으로 연구하고 싶어서였습니다.

10월 14일에 안창호는 하와이를 거쳐 샌프란시스코에 도착했습니다.

안창호는 미국에서 초등 학교 교육부터 다시 받기로 했습니다. 그래서 낮에는 땀 흘려 일을 하고, 밤에는 부지런히 공부를 했습니다.

그러던 어느 날, 안창호는 길을 가다가 우리 나라 사람 둘이 서로 상투를 잡고 싸우는 광경을 보았습니다.

지나가던 미국인들은 걸음을 멈추고, 싸움을 흥미진진하게 구경하고 있었습니다.

안창호는 싸움을 뜯어말리며, 물었습니다.

"아니, 같은 조선 사람끼리 왜 싸우는 거요?"

그러자 싸우던 한 사람이 대답했습니다.

"우리는 중국인을 상대로 인삼을 팔러 다닙니다. 서로 구역을 정해 놓고 장사를 하는데……. 글쎄, 이 친구가 내 구역을 침범했지 뭡니까."

"내가 언제 그랬어?"

두 사람은 눈을 부라리며 목소리를 높였습니다.

안창호는 간신히 두 사람을 화해시킨 뒤 속으로 생각했습니다.

'미국에 있는 동포들의 생활이 엉망이구나. 우선 이들의 생활부터 바로잡아 주자.'

그래서 안창호는 학업을 중단하고, 교포들의 생활과 의식을 향상시키는 데 발벗고 나섰습니다.

그리하여 1905년에는 샌프란시스코에 한인 친목회를 조직하고, 그 이듬해에는 캘리포니아에 한인 공립 협회를 설립했습니다. 또, 한인 공립 협회 기관지로 '공립신보'를 발간했습니다.

1905년 11월에 을사조약이 체결되었다는 소식이 들리자, 안창호는 다음해 귀국길에 올랐습니다.

1907년에 그는 양기탁·신채호·이갑 등과 함께 항일 비밀 결사를 조직했는데, 이것이 바로 신민회입니다.

또한, 평양에 대성 학교를 세우고 청년학우회를 조직하는 한편, 출판 사업도 벌여 태극서관을 설립하고 도자기 회사도 운영했습니다.

일본 통감부에서는 안창호의 지도 역량에 놀라, 그를 회유하여 이용하려 했다고 합니다.

그들은 도산 안창호 내각 조직을 요청했는데, 안창호는 이를 거부하고, 1910년 4월에 망명길에 올랐습니다. 이 때 그가 지은 노래가 유명한 '거국가'입니다.

간다 간다 나는 간다
너를 두고 나는 간다
잠시 뜻을 얻었노라
까불대는 이 시운이
나의 등을 내밀어서
너를 떠나 가게 하니
일로부터 여러 해를
너를 보지 못할지나
그 동안에 나는 오직
너를 위해 일할지니
나 간다고 설워 마라
나의 사랑 한반도야.

안창호는 중국과 시베리아를 거쳐 미국으로 돌아갔습니다.

1912년에 안창호는 샌프란시스코에서 대한인국민회 중앙 총회를 조직하여 초대 총회장에 취임했습니다. 또한, '신한민보'도 창간하고, 다음 해에는 흥사단을 조직했습니다.

1919년 3·1 운동이 일어나자, 안창호는 중국 상해로 건너가 대한민국 임시정부 조직에 참가했습니다.

6월 28일 국무총리 서리 겸 내무총장에 취임한 안창호는 '독립신문'을 창간하고, 노동국 총판을 지내다가 1921년에 물러났습니다. 임시정부의 내부 분열을 수습하지 못한 책임을 진 것입니다.

1925년에 다시 미국으로 돌아간 안창호는 대한인국민회와 흥사단 조직 강화를 위해 미국 여러 곳을 돌아다녔습니다.

안창호는 독립 운동의 기지가 될 이상촌 건설을 꿈꾸고 있었습니다.

1926년에 안창호는 중국으로 갔는데, 그 목적은 만주 일대에서 이상촌 후보지를 찾기 위해서였습니다.

그러나 1931년에 만주사변이 일어나 일본이 중국 동북부 및 내몽고 자치구 북동부에 만주국을 세우자, 안창호는 만주에서 이상촌 건설 계획을 단념할 수밖에 없었습니다.

1932년 4월 29일, 상해 홍구 공원에서 윤봉길의 의거가 일어날 당시, 안창호는 상해에 머물러 있었습니다.

이날 오후, 그는 일본 경찰에 체포되어 6월에 본국으로 보내졌습니다. 23년 만의 귀국이었습니다.

안창호는 윤봉길의 의거와는 아무 관련이 없었지만, 치안 유지법 위반으로 4년형을 언도받았습니다.

대전 형무소에서 2년 6개월을 복역하고 가출옥할 때, 일본인

관리가 안창호에게 이렇게 물었다고 합니다.

"밖에 나가서 또 독립 운동을 할 거요?"

그러자 안창호는 늠름한 태도로 단호하게 대답했다고 합니다.

"나는 밥을 먹어도 우리 나라의 독립을 위해서 먹었고, 잠을 자도 우리 나라의 독립을 위해서 잤소. 나더러 독립 운동을 하지 말라고 하는 것은 죽으라고 하는 것과 같소. 죽어도 혼이 있다면, 나는 여전히 독립 운동을 계속할 것이오."

대전 형무소에서 출감한 안창호는, 호남·영남·관북·관서 지방 등 여러 곳을 돌아다녔습니다. 가는 곳마다 많은 동지들이 그를 뜨겁게 환영해 주었습니다.

그가 평안 북도 선천에 갔을 때였습니다. 동지들이 마련해 준 원앙 금침이 있는 방에서 잠이 든 안창호는 새벽녘에 눈을 떴습니다. 그리고는 같이 자던 동지를 깨워 간절히 기도를 드리기 시작했습니다.

"하느님 아버지! 저는 민족의 죄인입니다. 이 민족이 저한테 이렇게 잘해 주는데, 저는 민족을 위해 한 일이 아무것도 없습니다. 저는 죄인입니다."

안창호는 뜨겁게 기도하며, 하염없이 눈물을 흘렸다고 합니다.

기독교인이었던 그는 자기 민족을 진심으로 사랑했던 사람이었습니다. 성경 말씀처럼 서로 사랑하기를 힘써서, 우리 사회를 사랑의 사회로 만들자고 외쳤습니다.

'너도 사랑을 공부하고, 나도 사랑을 공부하자. 남자도 여자도 우리 2천만이 다같이 사랑하기를 공부하자. 그래서 2천만 한민족은 서로 사랑하는 민족이 되자. 서로 사랑하면 살고, 서로 싸우면 죽는다.

죽더라도 동포끼리는 무저항주의를 쓰자. 때리면 맞고 욕하면 먹자. 동포끼리만은 악을 악으로 대하지 말고 오직 사랑하자.

왜 우리 사회는 이렇게 차오. 훈훈한 기운이 없소. 서로 사랑하는 마음으로 빙그레 웃는 세상을 만들어야 하겠소.'

평안 남도 대동군 대보면 대보산 송태에 산장을 짓고 숨어 살던 안창호는, 1937년 또다시 일본 경찰에 붙잡혀 서울로 압송되었습니다. 이른바 동우회(흥사단) 사건으로 동지들과 함께 재투옥된 것입니다.

안창호는 건강이 몹시 나쁜 상태였습니다. 어디 한 군데 성한 곳이 없었습니다. 12월 14일, 병보석으로 석방된 그는 경성 대학 부속 병원에 입원했습니다.

안창호는 1938년 3월 10일 자정에 눈을 감았는데, 죽기 전에 이런 말을 남겼다고 합니다.

"나는 죽으려니와, 내 사랑하는 동포들이 그렇게 많은 괴로움을 당하니 미안하고 마음이 아프다."

안중근

이토 히로부미를 사살한 독립 투사

1879~1910. 1907년 연해주로 망명하여 의병운동에 참가하였다. 이듬해 전제덕(全齊德)의 휘하에서 엄인섭(嚴仁燮)과 함께 100여 명의 부하를 이끌고 두만강을 건너 국내로 침투하여 일군(日軍)과 격전을 벌였으나 실패하였다. 노에프스키에서 망명 투사들이 발간하는 《대동공보(大同公報)》의 탐방원(探訪員)으로 활약하였다. 1909년 10월, 침략의 원흉 이토 히로부미[伊藤博文]를 사살하기로 결심하고 행동에 나섰다. 1909년 10월 26일 일본인으로 가장, 하얼빈역에 잠입하여 역전에서 러시아군의 군례를 받는 이토를 사살하고 현장에서 러시아 경찰에게 체포되었다. 곧 일본 감옥에 수감되었고 이듬해 3월에 사형되었다. 글씨에도 뛰어나 많은 유필(遺筆)이 있으며, 옥중에서 《동양평화론(東洋平和論)》을 집필하였다.

1909년 3월 2일, 러시아령 노에프스키의 어느 집에 11명의 동지가 모였습니다. 김기열·백낙길·강두찬·황화병·유파홍·박봉석·강기순·김백춘·김춘화·김태훈·안중근 등이 그들이었습니다.

이 모임의 주동 인물은 안중근이었습니다.

그는 일찍이 연해주로 망명하여 의병 운동에 뛰어들어, 대한의군 참모중장 겸 특파 독립대장 및 아령 지구 사령관으로 활약하고 있었습니다.

안중근이 입을 열었습니다.

"우리 열한 명은 조국의 광복을 위해 목숨을 바칠 것을 천주님께 맹세합니다. 그냥 맹세가 아니라 피로써 맹세합니다."

안중근은 태극기를 펼쳐 놓고, 왼손 약손가락(엄지손가락으로부터 넷째 손가락) 끝을 잘랐습니다. 그러더니 태극기에 '대한 독립 만세 안중근'이라고 혈서를 쓰는 것이었습니다.

다른 동지들도 마찬가지였습니다. 약손가락 끝을 잘라 차례차례 혈서를 썼습니다.

안중근이 말했습니다.

"나는 조선 침략의 원흉인 이토 히로부미를 죽이겠소. 3년 안에 죽이지 못하면 자살할 것을 맹세하오."

김태훈도 말했습니다.

"나도 맹세하오. 3년 안에 매국노 이완용을 죽이겠소."
 이렇게 저마다 혈서로써 구국 항쟁을 다짐한 11명의 동지들은 서로의 손을 굳게 잡았습니다.

그런데 안중근에게는 그 기회가 빨리 왔습니다.

10월 21일, 안중근은 러시아의 블라디보스토크에서 '대동공보'와 '원동보'를 보고 흥분을 감추지 않을 수 없었습니다.

신문에는 이토 히로부미가 러시아 장상 코코프체프와 회담하기 위해 만주 하얼빈에 온다는 기사가 실려 있었던 것입니다.

안중근은 회심의 미소를 지었습니다.

'드디어 절호의 기회가 찾아왔구나. 오오, 천주님 감사합니다.'

안중근은 이토 히로부미를 해치우기로 결심하고 '거사가'를 지었습니다.

장부가 세상에 처함이여, 그 뜻이 크도다.
때가 영웅을 지음이여, 영웅이 때를 지으리로다.
천하를 응시함이여, 어느 날에 업을 이룰꼬.
동풍이 점점 참이여, 장사의 의기가 뜨겁도다.
분개히 한번 감이여, 반드시 목적을 이루리로다.
쥐도적 쥐도적이여, 어찌 즐겨 목숨을 비길꼬.
어찌 이에 이를 줄을 헤아렸으리요, 사세가 고연하도다.
동포 동포여, 속히 대업을 이룰지어다.
만세 만세여, 대한 독립이로다.
만세 만만세, 대한 동포로다.

안중근은 동지 우덕순과 함께 블라스보스토크를 떠났습니다. 그의 품에는 브라우닝식 8연발 권총이 숨겨져 있었습니다.

하얼빈으로 가는 길에 또구라니 치나야 역에 내려, 동지 유경 집의 아들인 동하를 통역으로 삼았습니다.

10월 22일에 하얼빈에 도착한 안중근 일행은, 레스나야가 28호(지금의 지단가 40호)에 있는 김성백의 집을 찾아갔습니다. 김성백은 유동하의 매부였습니다.

안중근은 그 곳에서 조도선을 만나 행동을 같이하기로 하고, 이틀 뒤 집을 나섰습니다. 그는 우덕순·조도선을 데리고 채가구역을 샅샅이 둘러보았습니다.

25일에 하얼빈에서 이들의 숙소로 전보가 왔습니다. 유동하가 친 전보는, '이토 히로부미가 26일에 하얼빈에 온다'는 내용을 담고 있었습니다.

안중근이 말했습니다.

"이토 히로부미가 타고 오는 특별 열차는 이 채가구역을 지나서 하얼빈으로 갈 것이오. 그러니까 우 동지와 조 동지는 이 곳에 남아, 기회를 보아 거사를 치르도록 하시오. 나는 유동하와 같이 하얼빈 역에서 기다리고 있을 테니······. 두 동지가 기회를 놓치면 내가 이토 히로부미를 처치할 것이오."

안중근은 우덕순과 조도선을 채가구역에 남겨 놓고, 하얼빈으

로 돌아갔습니다.

다음 날 아침, 안중근은 유동하와 함께 하얼빈 역으로 갔습니다.

역 대합실 안에 있는 찻집에 들어갔을 때는 오전 8시였습니다. 두 사람은 찻집에 앉아 차를 마시며, 이토 히로부미를 태운 특별 열차가 도착하기만을 기다렸습니다.

한 시간 뒤, 드디어 특별 열차가 하얼빈 역에 나타났습니다. 기관차에 객차 세 개가 달린 자그마한 열차였습니다.

역 플랫폼에는 하얼빈 주재 각국 외교 사절과 일본인들, 그리고 러시아 군대와 의장대, 군악대가 줄지어 서 있었습니다.

열차가 멈춰 서자, 러시아 장상 코코프체프가 열차 안으로 들어갔습니다.

이토 히로부미와 코코프체프는 열차 안에서 30분간 회담을 가졌습니다.

회담이 끝나자 두 사람은 열차에서 내렸습니다.

찻집 창문으로 이토 히로부미가 플랫폼에 내려선 것을 본 안중근은, 뚜벅뚜벅 용기있게 걸어 나갔습니다.

이토 히로부미는 러시아 군대와 의장대를 사열하고 있었습니다.

안중근은 러시아 군대의 뒤편에 서서 이토 히로부미가 지나가기를 기다렸습니다.

잠시 뒤, 이토 히로부미의 모습이 보였습니다. 불과 몇 발자국

거리였습니다.

안중근은 이토 히로부미가 자기 앞을 지나치는 순간, 권총을 뽑아 들고 방아쇠를 당겼습니다.

"빵, 빵, 빵!"

총탄 세 발이 이토 히로부미에게 명중시켰습니다.

"으윽……."

이토 히로부미가 비명을 지르며 쓰러졌습니다.

"빵, 빵, 빵, 빵!"

안중근은 다시 네 발을 더 발사했습니다. 이토 히로부미를 수행하는 자들이 땅바닥에 고꾸라졌습니다.

하얼빈 총영사 가와카미 도시히코와 이토 히로부미의 비서관 모리 타이지로, 그리고 남만 철도 주식 회사 이사 다나카 세이타로 등이 총탄에 맞아 부상을 입었고, 남만 철도 주식 회사 총재 나카무라는 총탄이 외투를 뚫고 바지에 박혔습니다.

안중근은 총을 내던지고 목이 터져라 외쳤습니다.

"코레아 우라(대한국 만세)!"

안중근은 곧 러시아 헌병에게 체포되었습니다. 체포되면서도 그는,

"이토 히로부미는 죽었는가?"

하고 물었습니다.

"죽었다."

하는 대답을 듣자마자 안중근은 이마와 가슴에 성호를 그으며,

"오, 천주님! 감사합니다. 포악한 원수가 죽었습니다."

하고 기쁨의 눈물을 흘렸습니다.

안중근은 역에 있는 러시아 헌병 파견대에 끌려가 심문을 받았습니다.

그리고 그날 저녁에 러시아 헌병 장관에 의해 일본 총영사관에 넘겨졌습니다.

안중근은 여순의 일본 감옥에 갇힌 뒤, 재판을 받았습니다.

법정에서 그는 당당히 자기 행동의 정당성을 밝혔습니다.

"내가 이토 히로부미를 죽인 것은, 우리 대한의 독립을 찾고 동양 평화를 유지하기 위해서였다. 나라가 욕을 당하면 백성은 죽어야 하는 법……. 이 한 목숨 독립의 제물로 바친 지 오래다. 나는 지난 3년 동안 만주에서 의병을 모집하여 여러 차례 일본군과 싸웠다. 이번 거사도 대한의군 참모 중장의 자격으로 치른 것이다. 절대로 개인 자격이 아니었다. 나는 불행히도 포로가 된 것인데, 너희는 어찌하여 나를 형사 피고인으로 취급하느냐. 마땅히 만국 공법에 의해 처리되어야 한다."

그러나 안중근의 주장은 받아들여지지 않았습니다.

2월 14일, 재판장 마나베는 안중근에게 살인죄를 적용시켜 사형을 언도했습니다.

그리고 우덕순에게 징역 2년, 조도선·유동하에게 징역 1년 6개월을 각각 언도했습니다.

안중근은 감옥에서 날마다 책을 읽고, 글을 썼습니다.

그는 특히 글씨에 뛰어나 많은 유필을 남겼는데, 그 가운데 가장 유명한 것이 '하루라도 글을 읽지 않으면 입에 가시가 돋는다'입니다.

안중근은 사형 직전에 다음과 같은 시를 읊었습니다.

장부는 비록 죽을지라도 마음이 쇠와 같고
의사는 위태로움에 임할지라도 기운이 구름 같도다.

그리고 2천만 동포에게 보내는 유언장을 썼습니다.
'동포에게 고함.
내가 대한 독립을 회복하고 동양 평화를 유지하기 위해 3년 동안 풍찬노숙(바람을 먹고 이슬에 잠잔다는 뜻으로, 객지에서 겪는 많은 고생을 이르는 말)하다가, 마침내 그 목적을 이루지 못하고 이 곳에서 죽노니, 우리 2천만 형제 자매는 각각 스스로 분발하여 학문에 힘쓰고 산업을 진흥하여 나의 끼친 뜻을 이어 자유 독립을 회복하면, 죽는 자 남은 한이 없겠노라.'
안중근은 3월 26일 오전 10시 15분 여순 감옥에서 순국하였는데, 그 전날 면회를 온 안정근과 안공근 두 아우에게 이런 말을 남겼다고 합니다.
'내가 죽거든 시체는 대한 독립이 회복되기 전에는 고국에 보내지 말고, 하얼빈 공원 근처에 매장하라. 그랬다가 대한 독립이 회복되면 고국으로 보내라. 나는 천국에 가서 마땅히 우리 나라의 독립과 자유의 회복을 위해서 힘쓸 것이다. 너희들은 돌아가서 동포들에게 각각 모두 나라의 책임을 지고 국민 된 의무를 다하여 마음을 같이하고 힘을 합하여 공로를 세우도록 일러 다오.

대한 독립의 소리가 천국에 들려 오면, 나는 마땅히 춤을 추며 만세를 부를 것이다.'

김좌진

청산리 대첩의 큰 별

1889~1930, 자는 명여(明汝), 호는 백야(白冶).

1905년(광무 9년) 서울에 올라와 육군무관학교에 입학하였으며, 1907년(융희 1년) 고향으로 돌아와서 가산(家産)을 정리하여 호명 학교(湖明學校)를 세우고, 대한협회 홍성지부를 조직하는 등 애국 계몽 운동을 하였다. 안창호(安昌浩) 등과 함께 서북학회(西北學會)를 조직하였다. 그리고 서북학회의 산하 교육 기관인 오성 학교(五星學校) 교감을 역임하였으며, 청년학우회 설립에도 참여하였다. 1920년 청산리(靑山里)에서 유인되어 들어온 일본군을 맞아, 나중소·박영희·이범석 등과 함께 일본군을 일시에 섬멸하였다. 이를 청산리 대첩이라 하여 봉오동 전투와 함께 독립전쟁사상 최대의 승리로 꼽는다. 1930년 김일성(金一星)의 감언이설에 빠진 박상실(朴尙實)의 흉탄에 맞아 순국하였다.

충청 남도 홍성군 갈산면 향산리 마을에서 가장 큰 집은 안동 김씨의 집이었습니다.

90여 간의 고래등 같은 기와집에 30여 명의 종을 거느리고 있었습니다. 이 집은 홍성 지방에서 부자로 소문이 나, 한 해 농사만 해도 2천 석을 거두어들이고 있었습니다.

이 집의 주인은 16세 소년인 김좌진이었습니다. 아버지 김형국이 그의 나이 세 살 때 돌아가시고, 그의 형 경진이 얼마 전에 큰집의 양자로 가면서, 어린 그가 가장이 된 것입니다.

어느 날, 김좌진은 집안 식구들과 종들, 그리고 소작인들을 모아 놓고 큰 잔치를 베풀었습니다.

잔치가 끝나자, 김좌진은 노비 문서를 태우며 종들에게 말했습니다.

"오늘부터 너희는 자유다. 종의 신분을 벗었으니 아무쪼록 잘 살도록 하라."

그리고는 종들에게 땅을 살 만한 돈을 골고루 나누어 주었습니다.

종들은 너무 기뻐 어쩔 줄 몰라했습니다.

김좌진은 소작인들에게는 논밭을 무상으로 나누어 주었습니다. 소작인들은 감격의 눈물을 흘렸습니다.

그뿐이 아니었습니다. 김좌진은 고향에 '호명 학교'를 설립했는데, 자신의 집을 학교 건물로 내놓고는 작은 집으로 이사했습니다.

 김좌진이 서울로 올라와 본격적으로 활동하기 시작한 것은 스무 살 무렵이었습니다.

 그는 가회동에 초가집 한 채를 얻어, 노백린·안창호 등과 어울러 다녔습니다. 안창호가 만든 청년학우회에 가입하였으며, '한성신보'의 이사 노릇도 하였습니다.

 또한, 1913년에는 대한광복단에 가담하여 독립 운동 자금 모금 활동을 하였습니다.

 1915년의 어느 날, 김좌진은 중국에서 온 밀사 한 사람을 만났습니다. 이 사람은 상해로 망명을 떠난 노백린의 밀서를 김좌진에게 전했습니다.

 '김 동지! 무기 구입 자금으로 10만 원이 필요하오. 꼭 보내 주기 바라오.'

 10만 원이라면 당시로서는 엄청난 액수의 큰돈이었습니다.

 그가 이제까지 전국을 돌아다니며 거두어들인 것이 3만 원, 돈은 턱없이 모자랐습니다. 땅을 팔았지만, 그래도 5만 원이 부족했습니다.

 생각다 못해 김좌진은 돈의동에 사는 김종근을 찾아갔습니다. 김종근은 그의 일가붙이로, 서울 장안에서 손꼽히는 갑부였습니다.

 김좌진은 김종근에게 현금 5만 원을 요구했습니다. 그러나 김종근은 이를 한 마디로 딱 잘라서 거절했습니다.

김좌진이 협박조로 나오자, 김종근은 큰 소리로 고함을 질렀습니다.

김종근의 식구들이 그의 고함 소리를 듣고 경찰에 신고했습니다.

일본 경찰이 한달음에 달려왔고, 김좌진은 강도 미수죄로 경찰에 체포되고 말았습니다.

김좌진은 서대문 형무소에서 2년 반 동안 복역했습니다. 그러다가 1917년에 석방되었는데, 그 해 11월에 북만주로 망명을 떠나게 됩니다.

1918년에 대한정의단에 가입한 김좌진은, 서일·여준·정신·유동열 등 만주 지역의 독립 운동가 38명과 함께 독립 선언서를 발표했습니다.

그리고 그 해 8월에는 서일·김규식·현천묵·이범석 등과 같이 대한정의단을 군정부로 개편했습니다. 이들은 본부를 왕청현 남대파구에 두었습니다.

또한, 블라디보스토크에서 무기를 대량으로 사들였습니다. 제1차 세계 대전 때 시베리아에 출동했던 체코슬로바키아 군이 독립군에게 무기를 판 것입니다. 그리하여 군정부는 비로소 경무기를 무장할 수 있었습니다.

김좌진은 1918년 12월에 군정부를 '북로군정서'로 바꾼 다음,

총사령관에 취임했습니다.

북로군정서에는 1,600명 규모의 독립군과 장총 1,300정, 권총 150정, 기관총 7정, 탄환 100만 발, 군자금 10만 원이 갖춰져 있었습니다.

김좌진은 왕청현 십리평에 사관 연성소를 세워 사관을 양성했습니다. 1920년 9월 9일에는 1회 졸업생을 배출했는데, 모두 298명이었습니다.

한편, 일본은 독립군의 세력이 점점 커지자, 두려운 마음을 느꼈습니다.

그래서 이번 기회에 대규모 병력을 동원하여 독립군을 소탕하기로 결정하고, 그 전에 만주를 지배하는 중국인 군벌 장작림에게 이렇게 항의했습니다.

'중국와 일본은 우호국이 아닌가! 그런데도 중국 땅에 한국인 대부대가 무장을 하고 일본에 대항하고 있으니 말이 되는가! 이는 중국 당국이 한국인들을 보호하고 있기 때문이다. 계속 이렇게 나온다면 우리 일본도 중국을 상대로 무력 행사를 하지 않을 수 없을 것이다.'

장작림은 일본의 압력을 받자, 혼성단장 맹부덕을 북로군정서로 보내 말했습니다.

"우리 입장이 난처하니, 제발 사람들의 눈에 잘 띄지 않는 곳

으로 이동해 주시오."

이에 김좌진은 그 권고를 받아들여, 본부를 장백산으로 옮길 것을 약속했습니다.

그리하여 철수 여행단을 조직(여행단장 이범석)한 뒤, 독립군을 이동시키기 시작했습니다.

10월 16일, 독립군이 길림성 화룡현 삼도구 청산리에 이르렀을 때였습니다.

시베리아에 출동했던 일본군 제19사단이 장고봉을 거쳐 남하하고, 제21사단이 함경 북도 나남에서 도문강을 건너 북상하며, 남만주 철도 수비대가 송화강을 건너 서진하고 있다는 정보가 들어왔습니다.

물론 이들의 목표는 북로군정서였습니다. 3면으로 공격을 하려는 것이었습니다.

일본군의 총병력은 5만 명이었습니다. 그러나 북로군정서군은 김좌진이 지휘하는 제1대대 1,000명, 이범석이 지휘하는 제2대대 1,500명 등 불과 2,500명뿐이었습니다.

10월 18일, 드디어 일본군이 청산리 골짜기를 향해 쳐들어오고 있다는 정보가 들어왔습니다.

보병·기병·포병·공병의 1만 혼성 여단으로서 3만 대군의 전위 부대라는 것이었습니다.

독립군은 청산리 백운평의 울창한 숲 속에 숨어, 적군이 나타나기를 기다렸습니다.

다음 날 오전, 일본군의 긴 행렬이 느릿느릿 골짜기로 들어섰습니다. 이들은 80리에 이르는 골짜기를 까맣게 뒤덮으며, 깊숙이 걸어 들어왔습니다.

이 때 이범석의 권총 소리가 골짜기를 울렸습니다.

이 소리를 신호로 하여 독립군은 일본군을 향해 집중 사격을 시작했습니다. 청산리 골짜기는 총소리와 비명 소리로 지옥을 방불케 했습니다.

이 싸움에서 북로군정서군은 아군 사상자 20명을 내고, 일본군 2,200명을 사살하는 대전과를 올렸습니다.

일본군이 전열을 가다듬고 장기전에 돌입하자, 아군은 작전을 바꾸었습니다.

주력 부대가 그대로 백운평에 있는 것처럼 가장하고, 하룻밤새 160리를 강행군한 것입니다.

그리고는 갑산촌으로 후퇴하여, 한국인 교포촌인 천수평에 있는 제120 기병 중대를 기습, 도망자 네 명을 제외한 중대장 이하 전원을 사살했습니다.

아군은 여기에서 시마다 중대장이 가노 연대장에게 보내는 정보 서한을 얻었습니다. 제19사단 2만 병력이 어랑촌에 있다는 것

이었습니다.

이에 아군은 유리한 고지인 어랑촌 전방의 마록구를 점령하고, 일본군과 맞붙어 싸웠습니다.

이틀 밤낮에 걸친 전투에서도 아군은 일본군 1천여 명을 사살하는 대승리를 거두었습니다. 아군 전사자는 겨우 90명이었습니다.

김좌진 장군이 이끄는 북로군정서군 2,500명이 청산리 백운평·천수평·마록구의 3차에 걸친 싸움에서 일본군 5만 명을 크게 물리친 싸움이 바로 '청산리 대첩'입니다.

그 후, 김좌진은 부대를 이동하여 흑룡강변 일산 지방으로 갔습니다.

일본군의 대부대들이 만주 전역에 걸쳐서 보복 작전을 벌여, 이를 피해서 러시아와 만주 국경 지대로 간 것입니다.

밀산에는 북로군정서뿐 아니라 대한독립단·간도국민회·대한신민회·의군부·혈성단·광복단·도독부·야단·대한정의군정사 등 여러 독립군 부대가 모여들었습니다.

김좌진은 이들 독립군 부대를 통합하여 '대한독립군단'을 만들었습니다. 그리고 부총재에 취임했습니다.

대한독립군단은 3천 5백 명의 병력을 거느린 대부대였습니다.

대한독립군단은 1921년 1월, 노령 자유시 이만 지방으로 이동했습니다.

다음 해 6월, 러시아는 일본에게 독립군의 무장 해제를 비밀리 약속하고, 우리 독립군에게 무장 해제를 명령했습니다.

독립군이 이에 불응하자, 러시아 군은 마침내 독립군 토벌에 나섰습니다.

그리하여 우리 독립군은 전사 272명, 포로 917명, 행방 불명 272명, 익사 31명의 피해를 입고 말았습니다. 이것이 이른바 '흑하사변'입니다.

김좌진은 비극적인 흑하사변을 겪고 만주로 되돌아왔습니다. 그는 시베리아로 가서 군대를 기른 뒤 한반도로 진격하겠다는 꿈을 갖고 있었는데, 그 꿈이 깨어진 것입니다.

1925년 3월, 김좌진은 김혁·나중소·조성환 등 혁명 동지들과 함께 북만 지방 영안현에서 '신민부'란 독립 운동 단체를 조직했습니다.

그는 군사부위원장 겸 총사령관이 되어 성동 군관 학교를 세우고, 많은 청년 군관을 양성했습니다.

그 후로도 김좌진은 신민부의 후신으로 한족연합회를 결성하는 등 항일 독립 운동 기구를 계속 만들어 활발히 활동했습니다.

1930년 1월 24일, 그에게도 최후의 순간이 왔습니다.

영안현 중동로 산시역 자택 앞 정미소에서 공산주의자 박상실의 흉탄에 맞아 세상을 떠난 것입니다. 이 때 그의 나이 42세였습니다.
 장례식에 참석한 중국인들은 그의 죽음을 슬퍼하며,
'꺼우리 왕즈 쓸라(고려인의 왕이 죽었다)'를 연발하였다고 합니다.

유관순

나라 위해 몸바친 애국 소녀

1902~1920, 1916년 선교사의 소개로 이화학당 보통과에 입학하였으며, 1919년 3·1 운동이 발발하자 학생들과 함께 가두 시위를 벌였고, 일제 총독에 의하여 학교가 휴교에 들어가자 만세 시위를 지휘하기 위하여 즉각 고향으로 내려갔다. 천안·연기·청주·진천 등지의 학교와 교회 등을 방문하여 만세 운동을 협의, 4월 2일 아오내 장터에서 3,000여 군중에게 태극기를 나누어 주며 시위를 지휘하다가 출동한 일본 헌병대에 체포되어 공주 검사국으로 이송되었다. 그 후 3년형을 선고받고 항소, 서울의 법정에서 재판을 받던 중 일본인 검사에게 걸상을 던져 법정모독죄가 가산되어 7년형을 선고받았으며, 서대문 형무소에서 복역 중 갖은 악형에 시달려 옥사하였다.

1919년 3월 1일, 서울 장안에 "대한 독립 만세!" 소리가 울려 퍼졌습니다. 손에 손에 태극기를 든 사람들이 거리를 누비며, 목청껏 만세를 외쳤습니다.

이화 학당(지금의 이화 여고) 학생들은 만세 소리를 듣고도 기숙사에 남아 있을 수 없었습니다. 이들도 만세 시위에 가담하기 위해 학교 운동장으로 뛰어나왔습니다.

그러자 학교측에서는 외국인 교사들을 풀어 학생들이 학교 밖으로 나가는 것을 막았습니다.

교문께에서는 거리로 몰려 나가려는 학생들과 학교측 사람들과의 몸싸움이 벌어졌습니다.

그 와중에 학생 15명이 밖으로 뛰쳐나가 시위 군중과 합류했습니다.

이 때, 프라이 교장이 교문을 가로막으며 소리쳤습니다.

"여러분! 제발 참아 주세요. 학교 밖으로 나가면 안 됩니다."

그러더니 프라이 교장은 갑자기 학생들 앞에 엎드렸습니다.

"정 나가고 싶으면 나를 뛰어넘어가세요."

프라이 교장이 이렇게 만류하자, 학생들은 할 수 없이 기숙사로 돌아갔습니다.

그러나 몇몇 학생은 도저히 참을 수 없어 기숙사 뒷담을 넘었습니다. 고등과 1학년인 유관순 등 일곱 명이었습니다. 이들은 파고다 공원으로 달려가 목이 터져라 대한 독립 만세를 외쳤습니다.

이날의 만세 시위로 앞서 학교를 뛰쳐나갔던 이화 학당 학생 15명이 일본 경찰에 체포되었는데, 유관순 등 일곱 명은 무사히 학교로 돌아왔습니다.

3월 10일, 조선 총독부에서는 임시 휴교령을 내렸습니다. 총독부의 명령으로 전국의 모든 학교가 문을 닫게 되었습니다.

유관순은 고향으로 내려갔습니다.

유관순의 고향은 충청 남도 천안군 병천면 지령리로, 현재는 독립 기념관이 있는 곳입니다.

유관순이 고향 집에 들어서자, 아버지 유중권과 어머니 이씨 부인이 반갑게 맞아 주었습니다.

유중권은 독실한 기독교 신자로서, 일찍이 '홍호 학교'를 세워 운영하는 등의 개화한 사람이었습니다.

유관순은 이런 아버지의 영향을 받아 신앙심이 깊고 의협심이 강했습니다.

고향 집에서 하룻밤을 보낸 유관순은 다음 날 새벽, 지령산 매봉에 올라갔습니다. 유관순은 바위에 무릎을 꿇고 앉아, 나라와 민족을 위해 하느님께 간절히 기도를 드렸습니다.

그리고 그 날 저녁, 지령리 예배당으로 갔습니다. 유관순은 예

배를 드린 다음 유교인들 앞에서 이렇게 말했습니다.

"여러분, 기뻐해 주십시오. 우리에게도 좋은 기회가 왔습니다. 나라를 잃고 헤매던 우리 민족이, 나라를 찾기 위해 독립 만세 운동을 일으켰습니다. 서울에서 시작된 독립 만세 운동이 지금 요원의 불길 같이 전국 방방곡곡으로 퍼져 가고 있습니다. 이럴 때 우리는 앉아서 구경만 할 수는 없습니다. 우리도 들고 일어나서 대한 독립 만세를 외쳐야 합니다."

유관순의 연설을 들은 사람들은 큰 감명을 받았습니다.

조인원(정치가 조병옥의 아버지), 김구응 등 고향 마을의 지도자들은, 유관순과 행동을 같이 하기로 했습니다. 그래서 음력 3월 1일(양력 4월 2일)을 거사 날짜로 정해, 병천(아오내) 장터에서 만세 운동을 벌이기로 했습니다.

유관순은 밤새워 태극기를 만들었습니다. 그리고 독립 선언문을 기초(글의 초안을 잡음)했습니다.

유관순은 고향인 천안뿐 아니라 연기·청주·진천 등지에 있는 교회와 학교 등을 찾아다니며, 만세 운동에 함께 참여할 것을 종용했습니다.

음력 3월 1일, 드디어 거사일이 돌아왔습니다. 병천 장터에는 3천 명의 군중이 모여들었습니다.

부모님과 함께 병천 장터에 온 유관순은, 길목에 서서 군중들에게 태극기를 나누어 주었습니다.

정오가 되자, 조인원이 군중 앞에 나섰습니다. 조인원은 낭랑한 목소리로 독립 선언문을 낭독했습니다.

이윽고 유관순이 쌀가마 위에 올라섰습니다.

유관순은 군중을 둘러보며, 입을 열었습니다.

"여러분! 우리는 5천 년의 찬란한 역사를 지닌 민족입니다. 그런데 일본은 우리 민족을 억압하고 나라를 빼앗아 저희들 세상으로 만들어 버렸습니다. 우리는 지난 10년 동안 나라 없는 백성으로서 온갖 착취와 학대와 멸시를 당해 왔습니다. 하지만 이제는 더 이상 참을 수가 없습니다. 우리는 일본 사람들을 이 땅에서 몰아내기 위해 다같이 일어나, 대한 독립 만세를 외쳐야 합니다."

유관순은 태극기를 손에 쥐고 흔들며,

"대한 독립 만세!"

하고 외쳤습니다. 그러자 군중들도 일제히 태극기를 흔들며,

"대한 독립 만세!"

하고 외쳤습니다. '대한 독립 만세' 소리로 온 장터가 떠나갈 듯했습니다.

시위 군중은 헌병 파견대 쪽으로 몰려갔습니다.

그 선두에 선 것은 유관순의 아버지 유중권과 조인원이었습니다. 그 뒷줄에는 유관순과 유관순의 어머니인 이씨 부인, 그리고 마을 지도자들이 따랐습니다.

조인원은 깃발을 손에 쥐고 있었습니다. 깃발에는 '조선 독립'이라고 씌어 있었습니다.

시위 군중이 들이닥치자, 헌병 파견대에 있던 일본 헌병들은 군중을 향해 총을 쏘기 시작했습니다.

선두에 선 조인원이 쓰러졌습니다.

2시가 되자, 천안 헌병대에서 헌병 20여 명이 몰려왔습니다. 헌병 파견대에서 지원 요청을 한 모양이었습니다. 이들은 군중을 향해 마구 총을 쏘아 대기 시작했습니다.

총에 맞은 사람들이 하나 둘씩 쓰러졌고, 20여 명이 그 자리에서 죽어갔습니다. 그 가운데는 유관순의 부모님도 끼어 있었습니다.

유관순은 헌병들에게 붙잡혀 천안 헌병대로 끌려갔습니다.

유관순은 헌병들에게 혹독한 고문을 받았습니다.

주모자를 밝히라는 것이었습니다. 그러나 유관순은 쩌렁쩌렁한 목소리로,

"내가 주모자다. 빼앗긴 나라를 되찾기 위해 내가 벌인 일이니, 다른 사람들은 전부 풀어 주어라."

하고 당당한 태도를 보였습니다.

유관순은 공주 지방 법원에서 3년형을 선고받았습니다. 하지만 이 판결에 불복하여 항소, 서울에서 재판을 받게 되었습니다.

유관순은 경성 복심 법원에서 재판을 받다가 일본인 검사에게 걸상을 던졌습니다.

빼앗긴 나라를 다시 찾으려고 독립 만세를 외친 것이 무슨 죄냐며, 일본인들한테 재판을 받을 수 없다고 항변하다가 벌어진 일이었습니다. 이 일 때문에 법정 모독죄가 붙어 7년형을 선고받았습니다.

유관순은 서대문 형무소에 수감되었습니다.

감옥에서 유관순은 틈만 나면 '대한 독립 만세'를 불렀으며, 나

라의 독립을 위해 간절히 기도를 드렸습니다.

　유관순은 형무소에서도 심한 고문을 당하고 매를 맞았습니다. 유관순이 만세를 부르기만 하면 간수들은 유관순을 끌어내, 그런 몹쓸 짓을 저질렀던 것입니다.

　1920년 10월 12일, 만세를 불렀다고 밖으로 끌려나간 유관순은 그 날 감옥으로 돌아오지 않았습니다. 간수에 의해 살해되어 석유 상자 속에 버려진 것입니다.

　이 때, 유관순의 나이 겨우 17세였습니다.